Detlef Hecking · Clara Moser Brassel

Wenn Geburt und Tod zusammenfallen

T V Z

Detlef Hecking
Clara Moser Brassel

Wenn Geburt und Tod zusammenfallen

Ökumenische Arbeitshilfe für Seelsorgerinnen und
Seelsorger bei Fehlgeburt und perinatalem Kindstod

herausgegeben   von der Frauenkonferenz des SEK,
der Kommission Ehe und Familie der SBK,
der Kirchlichen Frauenkommission der SBK
und vom Verein zur Förderung einer
professionellen Beratung und Begleitung
bei Fehlgeburt und perinatalem Kindstod

EDITION **NZN**
BEI **TVZ**

Theologischer Verlag Zürich

Die Deutsche Bibliothek – Bibliografische Einheitsaufnahme
Die Deutsche Bibliothek verzeichnet diese Publikation in der Deutschen Nationalbibliografie; detaillierte bibliografische Daten sind im Internet über <http://dnb.ddb.de> abrufbar.

ISBN-10: 3-290-20029-9
ISBN-13: 978-3-290-20029-9

Umschlaggestaltung: www.gapa.ch gataric, ackermann und partner, Zürich
Satz und Layout: Claudia Wild, Stuttgart
Druck: ROSCH-BUCH GmbH, Scheßlitz

© 2006 Theologischer Verlag Zürich
www.tvz-verlag.ch

Inhaltsverzeichnis

Vorwort

In der Schweiz kommt nach offizieller Statistik täglich ein Kind tot zur Welt, etwa gleich viele Kinder sterben im ersten Lebensmonat. Ausserdem endet nach Schätzung von Fachleuten etwa jede vierte Schwangerschaft vor der 23. Woche mit einer Fehlgeburt.

Trotz der Häufigkeit des Phänomens war dieses Thema bis vor kurzem in der Öffentlichkeit kaum präsent. Viele konkrete Fragen (z. B. Möglichkeit der Bestattung) waren unklar geregelt oder wurden von Kanton zu Kanton und von Spital zu Spital verschieden gehandhabt. Es gab kaum Unterstützung für betroffene Eltern, das Pflegepersonal war oft überfordert, und auch die Seelsorgerinnen und Seelsorger waren auf das tabuisierte Thema und die konkreten Situationen oft ungenügend vorbereitet.

Seit einigen Jahren wird das Thema Fehlgeburt und perinataler Kindstod nun sowohl in den Medien als auch in Fachkreisen besser wahrgenommen.

Im Januar 2001 veranstaltete die Frauenkonferenz des Schweizerischen Evangelischen Kirchenbundes (SEK) gemeinsam mit dem Diakoniewerk Neumünster eine Tagung zum Thema «Trauer am Anfang des Lebens». Sie stiess bei zahlreichen Fachleuten aus verschiedenen Berufen auf grosses Interesse. An dieser Tagung wurde der Wunsch nach einer Arbeitshilfe für Seelsorgende von verschiedenen Seiten geäussert, sodass die Frauenkonferenz des SEK Pfarrerin Clara Moser Brassel mit der Erarbeitung einer entsprechenden Broschüre beauftragte.

Praktisch zeitgleich formierte sich der Verein zur Förderung einer professionellen Beratung und Begleitung bei Fehlgeburt und perinatalem Kindstod. Im gegenseitigen Kontakt entstand bald die Idee der Zusammenarbeit, und so machte sich neben der reformierten Pfarrerin auch der katholische Theologe Detlef Hecking, Gründungsmitglied des Vereins, an die Arbeit, und das Projekt wurde ein ökumenisches.

Die nun vorliegende Arbeitshilfe will Seelsorgerinnen und Seelsorger auf die mögliche Begegnung mit Trauersituationen am Anfang des Lebens vorbereiten und ihnen Hilfestellungen bieten. Sie umfasst eine Klärung juristischer und medizinischer Grundbegriffe, theologische Überlegungen, praktisch-theologische Hilfestellungen für die Begleitung der Angehörigen und einen breiten Fundus an Ideen zur Gestaltung von Ritualen und Trauerfeiern. Eine Sammlung einschlägiger Adressen und Literaturhinweise vervollständigt die Arbeitshilfe.

Auf eine Darstellung fertiger Liturgien wurde hingegen bewusst verzichtet, denn einerseits gibt es solche Sammlungen schon, andererseits sind die Situationen derart individuell und unterschiedlich, dass eine Sammlung von Materialien im Baukastensystem hilfreicher ist als das Angebot fertiger Liturgien.

Der Dank der Herausgebenden gilt zuerst der Autorin und dem Autor, Clara Moser Brassel und Detlef Hecking, welche diese Arbeitshilfe mit sehr viel Erfahrung und Fachkompetenz verfasst und zugunsten der möglichst grossen Verbreitung auf ein Honorar verzichtet haben. Auch den zahlreichen weiteren Fachpersonen, die die Entstehung des Manuskripts begleitet und mit ihrem konstruktiven Feedback und vielen nützlichen Hinweisen die Optimierung des Textes unterstützt haben, sei herzlich gedankt. Und schliesslich danken wir allen Geldgeberinnen und Geldgebern, die mit ihren Beiträgen die Realisierung des Buches ermöglicht haben.

Wir freuen uns, dass wir diese Arbeitshilfe all den Menschen zur Verfügung stellen können, die beruflich mit Trauer am Anfang des Lebens zu tun haben, und wir hoffen, dass sie ihren Weg dahin findet, wo sie gebraucht wird.

Für die Frauenkonferenz des SEK: Sabine Scheuter
Für die Kommission Ehe und Familie der SBK: Niklaus Knecht
Für die Kirchliche Frauenkommission der SBK: Dr. Rose-Marie
　　Umbricht-Maurer
Für den Verein zur Förderung einer professionellen Beratung und
　　Begleitung bei Fehlgeburt und perinatalem Kindstod: Elisabeth
　　Wenk-Mattmüller

Wenn Geburt und Tod zusammenfallen

Eine Frau ist im sechsten Monat schwanger. Bei einer Untersuchung wird beim Kind ein nicht operabler Herzfehler festgestellt; es ist nicht lebensfähig. Die Eltern entscheiden sich trotzdem, die Schwangerschaft auszutragen, die fortan von Trauer, aber auch von der Gelegenheit zu Abschiedsvorbereitungen geprägt ist. Nach der Geburt lebt das Kind noch ein paar Stunden. Mutter und Vater haben Zeit, das kleine Köpfchen, die Hände und Füsse zu bewundern. Sie nennen ihre Tochter Sarah.

Eine Mutter mit 5-jährigem Sohn wird endlich wieder schwanger. Eines Tages ist sie beunruhigt über das Ausbleiben der Kindsbewegungen. In der 26. Schwangerschaftswoche wird bei einer Ultraschall-Untersuchung festgestellt, dass das Kind gestorben ist. Die Frau bringt das tote Kind in einer «normalen» Geburt zur Welt.

Schwangerschaft und Geburt verlaufen komplikationslos. Plötzlich Unruhe, Aufregung, Alarm: Joris geht es nicht mehr gut. Langes Warten. Dann die Nachricht: Joris hat keine Nieren, er ist lebensunfähig. Bevor Joris stirbt, können die Eltern und Grosseltern das zarte Kind noch bestaunen. Den letzten Atemzug tut es im Beisein aller.

Eine junge Frau wird schwanger, mitten in der Ausbildung, ohne tragende Beziehung. Sie lässt einen Schwangerschaftsabbruch vornehmen. Doch die versteckte Trauer lähmt sie. Sie ist nicht mehr dieselbe, die Lebenskraft von früher ist ihr abhanden gekommen.

In einer Routineuntersuchung in der 11. Schwangerschaftswoche sieht die Mutter ihr Kind zum ersten Mal auf einem Ultraschallbild. Es bewegt sich lebendig hin und her. Zwei Tage später: Blutungen, notfallmässige Spitaleinweisung. Das Kind ist gestorben.

Die Mutter muss eine «Ausschabung» vornehmen lassen. Wenige Tage später muss sie wieder arbeiten gehen.

In ihrer dritten Schwangerschaft ist eine Mutter von Anfang an unruhig. Der Vater versteht das nicht recht. Bei der ersten Kontrolle zeigt das Ultraschallbild eine normal gewachsene Fruchtblase, aber keine Plazenta und keinen Embryo. Das Kind ist schon sehr früh gestorben, doch die Fruchtblase hat sich normal weiterentwickelt – ein so genanntes «Windei». Wenige Tage später kommt es zu starken Blutungen.

Die Zwillinge werden zu früh geboren. Dem Mädchen, Amanda, geht es gut, doch der Knabe, Nico, macht Sorgen. Das Ärzteteam der Intensivstation kämpft um sein Leben. Aber Nico stirbt – er ist zu klein und zu schwach. Amanda wächst gesund auf.

I. Grundlagen

1. Medizinische Grundbegriffe

Ausschabung, Curettage: Medizinischer Eingriff, um die Plazenta und/oder den Embryo (bei Fehlgeburt) aus der Gebärmutter zu entfernen.

Fehlgeburt, Abort: Geburt eines *vor* der 23. Schwangerschaftswoche bereits im Mutterleib verstorbenen Kindes (oder, vor allem bei Unsicherheit über die Schwangerschaftsdauer, eines Kindes mit einem Geburtsgewicht von weniger als 500 Gramm). Eine Fehlgeburt gilt juristisch nicht als Geburt, ist deshalb nicht meldepflichtig und begründet auch nicht die mit einer Geburt verbundenen Rechte (siehe I/2.).

Frühgeburt: Geburt vor der 37. Schwangerschaftswoche.

Gestation: lat. für «Schwangerschaft». Die Gestation beginnt mit der Befruchtung der Eizelle. In der Zivilstandsverordnung (siehe I/2.) und im medizinischen Sprachgebrauch wird das Alter des Kindes nach «Gestationswochen» (= Schwangerschaftswochen) gemessen.

Lebendgeburt: Geburt eines Kindes, das mit Lebenszeichen zur Welt kommt. Jede Lebendgeburt (unabhängig von Schwangerschaftswoche oder Geburtsgewicht) begründet juristisch gesehen die Meldepflicht und sämtliche mit der Geburt verbundenen Rechte (siehe I/2.).

Neonatologie: griech./lat. für «Neugeborenen-Lehre». Derjenige Zweig der Kinderheilkunde, der sich mit neugeborenen (und damit auch mit zu früh geborenen) Kindern befasst.

Perinatal, perinataler Kindstod: griech./lat. für «um die Geburt herum». Von «perinatalem Kindstod» wird gesprochen, wenn das Kind zu einem Zeitpunkt stirbt, da es (mit medizinischer Unterstützung) eigentlich lebensfähig wäre, d. h. derzeit etwa ab der 23. Schwangerschaftswoche. «Perinataler Kindstod» ist somit eine Bezeichnung für Totgeburt als auch für den Tod lebend geborener Kinder bis 7 Tage nach der Geburt.

Plötzlicher Kindstod: Unvorhersehbarer Tod eines zuvor gesunden Kindes im Schlaf in den ersten beiden Lebensjahren, medizinisch noch wenig geklärt. Die vorliegende Arbeitshilfe klammert den plötzlichen Kindstod weitgehend aus. Der wesentliche Unterschied zur Seelsorge bei Fehlgeburt und perinatalem Kindstod liegt darin, dass es beim plötzlichen Kindstod bereits eine – wenn auch kurze – gemeinsame Lebenszeit gibt und Begrüssung des Kindes und Abschied vom Kind daher nicht ganz so nah zusammenfallen.

Totgeburt, intrauteriner Fruchttod: Geburt eines *ab* der 23. Schwangerschaftswoche bereits im Mutterleib verstorbenen Kindes (oder, vor allem bei Unsicherheit über die Schwangerschaftsdauer, eines Kindes mit einem Geburtsgewicht von mindestens 500 Gramm). Eine Totgeburt ist meldepflichtig und begründet sämtliche mit der Geburt verbundenen Rechte (siehe I/2.).

In der Diskussion um Fehlgeburt und perinatalen Kindstod überlagern sich alltagssprachliche, medizinische und juristische Begriffe und Definitionen. Alltagssprachlich wird oft nicht zwischen den verschiedenen Begriffen unterschieden. Für die seelischen Prozesse und die Trauer(arbeit) sind die medizinischen Differenzierungen auch nicht relevant. Für die juristischen Aspekte rund um Fehlgeburt und perinatalen Kindstod ist es jedoch entscheidend, ob es sich um eine «Fehlgeburt» oder eine «Totgeburt» handelt.

In der wissenschaftlichen Diskussion ist die zeitliche Grenze zwischen den verschiedenen Begriffen fliessend, da die intensivmedizinischen Möglichkeiten auch für sehr früh geborene Kinder immer grösser werden.

2. Juristische Aspekte

Die folgenden Informationen entsprechen der schweizerischen Rechtslage zur Zeit der Drucklegung dieser Arbeitshilfe (Sommer 2005). Aktualisierungen sowie die ausführlichen gesetzlichen bzw. juristischen Grundlagen können bei der Fachstelle Fehlgeburt und perinataler Kindstod eingeholt werden (http://www.fpk.ch; direkter Link zu den Rechtsinformationen: http://www.fpk.ch/index.php?themID=3&pageID=3e).

2.1. Grundlage: Art. 9 Zivilstandsverordnung

Die grundlegenden Bestimmungen sind in der Zivilstandsverordnung des Bundes (ZStV) geregelt:

«*Art. 9 Geburt*
1) Als Geburten werden die Lebend- und die Totgeburten beurkundet.
2) Als Totgeburt wird ein Kind bezeichnet, das ohne Lebenszeichen auf die Welt kommt und ein Geburtsgewicht von mindestens 500 Gramm oder ein Gestationsalter von mindestens 22 vollendeten Wochen aufweist.
3) Bei tot geborenen Kindern können Familiennamen und Vorname erfasst werden, wenn es die zur Vornamensgebung berechtigten Personen (Art. 37 Abs. 1) wünschen.»

Demnach gilt jedes Kind, das mit Lebenszeichen zur Welt kommt, als *Lebendgeburt* (auch, wenn es weniger als 22 vollendete Wochen alt ist, weniger als 500 Gramm wiegt oder nach der Geburt stirbt).

Wenn ein Kind im Mutterleib stirbt, aber mindestens 22 vollendete Wochen alt geworden ist oder ein Geburtsgewicht von mindestens 500 Gramm aufweist, gilt die Geburt als *Totgeburt*.

Wenn ein Kind im Mutterleib stirbt, bevor es 22 vollendete Wochen alt geworden ist *und* wenn es weniger als 500 Gramm wiegt, gilt dies gemäss Art. 9 ZStV nicht als Geburt. Der – von der ZStV nicht verwendete – Fachbegriff dafür ist *Fehlgeburt*.

Lebend- und Totgeburten sind meldepflichtig und begründen alle mit der Geburt verbundenen Rechte (s. u.), Fehlgeburten dagegen nicht.

2.2. Eintrag im Familienbüchlein, Geburtsschein

Ein Anspruch auf Eintragung ins Familienbüchlein und auf Ausstellung eines Geburtsscheines besteht bei meldepflichtigen Geburten gemäss Art. 9 ZStV, d. h. bei Lebend- und bei Totgeburten. Viele Zivilstandsämter tragen aber freiwillig auch Fehlgeburten ein.

2.3. Mutterschaftsurlaub und Kündigungsschutz

Berufstätige Frauen haben bei jeder Geburt (Lebend- und Totgeburten gemäss Art. 9 der Zivilstandsverordnung) gesetzlichen Anspruch auf einen Mutterschaftsurlaub von 14 Wochen mit Fortzahlung von 80 % des Lohnes (max. jedoch CHF 172.– pro Tag). Während des Mutterschaftsurlaubs besteht Kündigungsschutz.

Bei Fehlgeburt besteht kein Anspruch auf Mutterschaftsurlaub. Die nötige körperliche und seelische Erholungszeit (deren Dauer meistens unterschätzt wird) kann in diesem Fall nur durch ein ärztliches Arbeitsunfähigkeitszeugnis gewährleistet werden.

2.4. Krankenkassenleistungen

Die Leistungspflicht der Krankenkassen bei Schwangerschaft und Geburt ist im KVG geregelt und geht über die Leistungen bei Krankheit hinaus. So darf bei Schwangerschaft und Geburt z. B. weder Franchise noch Selbstbehalt auf ärztliche Leistungen, Laboruntersuchungen usw. geltend gemacht werden (Ausnahme: Medikamente). Massgebend für die Definition von Geburt ist auch hier Art. 9 ZStV (als Geburt gilt sowohl eine Lebend- wie auch eine Totgeburt).

Für Leistungen aus Zusatzversicherungen gilt dasselbe, d. h. die versicherten Leistungen können bei Lebend- und Totgeburt in Anspruch genommen werden.

Fehlgeburten gelten auch für die Krankenkassen zurzeit nicht als Geburten, die Kassen sind deshalb nur zu den regulären Leistungen bei Krankheit verpflichtet. Eine ärztlich verordnete ambulante Nachbetreuung durch eine Hebamme wird aber in der Regel übernommen (Franchise und Selbstbehalt dürfen dabei jedoch geltend gemacht werden).

2.5. Bestattungsmöglichkeit

Jedes gemäss Art. 9 ZStV lebend oder tot geborene Kind hat Anrecht auf alle verfügbaren Bestattungsmöglichkeiten. Da das Bestattungswesen kantonal und kommunal geregelt ist, müssen die konkret massgebenden Auskünfte jedoch bei der Gemeindeverwaltung der Wohnsitzgemeinde eingeholt werden.

Nicht meldepflichtige Kinder (Fehlgeburten) haben juristisch gesehen kein Anrecht auf Bestattung. In vielen Schweizer Städten und Gemeinden wurden in den letzten Jahren aber spezielle Grabfelder oder Gemeinschaftsgräber für früh verstorbene Kinder geschaffen. Auch eine Kremation nicht meldepflichtiger Kinder ist in der Regel möglich. Ein Gespräch mit den zuständigen Personen/Behörden lohnt sich also in jedem Fall. Gibt es am Wohnort Schwierigkeiten, kann eventuell auch eine Bestattung auf einem Friedhof ausserhalb der eigenen Wohnsitzgemeinde durchgeführt werden.

II. Praktisch-theologische Reflexion

1. Ein normaler Trauerprozess – nur anders

So vielfältig die konkreten Situationen von Fehlgeburt und peri-natalem Kindstod sind, so vielfältig sind auch die emotionalen Reaktionen der betroffenen Eltern und Familien. Eines ist aber den meisten Situationen gemeinsam: Wenn Geburt und Tod zusammen-fallen, werden tiefste Gefühle von Trauer bis Ohnmacht, von Wut bis Verletztsein geweckt, die oft nur schwer an die Oberfläche kommen und ausgedrückt werden können. Ein früher Kindstod sprengt die normalen Lebenserfahrungen und verkehrt die Hoff-nungen der Eltern jäh ins Gegenteil. Von diesem Gefühlschaos sind nicht nur die Eltern betroffen, sondern auch Geschwister, PatInnen, Grosseltern und alle anderen, die das Kind freudig erwartet haben.

• Gegenüber einem «normalen» Todesfall ist der Trauerprozess bei Fehlgeburt und perinatalem Kindstod massiv erschwert:
  Geburt und Tod, zwei normalerweise weit auseinanderliegende Ereignisse, rücken ganz nahe zusammen. Unterschiedlichere und gegensätzlichere Emotionen könnten nicht aufeinandertreffen: Das wunderbare Glück des neuen Lebens muss erst bestaunt und dann betrauert werden, und beides fast gleichzeitig.
  → Seelsorgliche Begleitung kann den Eltern dabei helfen, beide «Gefühlspole» zu durchleben und die Widersprüchlichkeit ihrer Gefühle auszuhalten. Auch ein verstorbenes Kind oder ein Kind, dessen Leben vor/während der Geburt gefährdet ist, muss begrüsst, beachtet und willkommen geheissen wer-den. Nur dann können die Eltern auch den Abschied vom Kind, mit allen Gefühlen von Trauer, Ohnmacht, Wut und Schmerz, durchleben.

• Liturgisch/sakramental gesprochen fallen bei Fehlgeburt und pe-rinatalem Kindstod zwei traditionelle Rituale zusammen: Taufe und Beerdigung. Zwei wichtige, normalerweise weit auseinanderliegende Schritte müssen fast gleichzeitig – und eventuell auch in einer einzigen Feier – vollzogen werden. Für dieses Doppelritual gibt es keine Traditionen, an die wir uns anlehnen können.

→ SeelsorgerInnen sind bei Fehlgeburt/perinatalem Kindstod auch als kreative LiturgInnen gefragt.

• Eine Fehl- oder Totgeburt wird von den Eltern, aber auch von der Gesellschaft oft nicht als Trauerfall akzeptiert («Das war doch noch gar kein richtiges Kind, so klein war es…», «Du kannst doch wieder schwanger werden…» usw.). Neben dem Verlust muss in der Familie, am Arbeitsplatz oder auch im Spital des Öftern um das Recht auf Trauer gekämpft werden.

→ Die SeelsorgerInnen versuchen Raum zu schaffen, damit dieses Recht auf Trauer selbstverständlich wird.

• In unserer Gesellschaft wird in Zusammenhang mit Schwangerschaft und Geburt meist nur von Glück und Segen gesprochen. Auch die immer weiter perfektionierten Möglichkeiten der Neonatologie lassen Fehlgeburt und perinatalen Kindstod als Ausnahme, als «Unglücksfall» o. ä. erscheinen. Nur wenige Eltern «rechnen» mit dem Schlimmsten, dem Tod. Dass etwas Unerfreuliches passieren könnte, ist oft tabu. Umso grösser die Überraschung, der Schock und die Unsicherheit.

→ Es sensibilisiert die ganze Kirchgemeinde, wenn die SeelsorgerInnen auch ausserhalb der unmittelbaren Situation von Fehlgeburt und Kindstod das Thema ansprechen, bei Taufen, in der Predigt, in der Elternarbeit, im Unterricht usw. Die Möglichkeit von Fehlgeburt und Kindstod bleibt so kein pastorales Tabu.

• Innere Leere und Trauer bei einem Kindstod sind schwer kommunizierbar. Bei anderen Todesfällen gibt es eine gemeinsame Geschichte und eine Biografie; Erinnerungen und Erzählungen über die verstorbene Person können befreiend sein. Bei Fehlgeburt/ Kindstod gibt es «nur» Erinnerungen an die Schwangerschaft – und eine enttäuschte Erwartung. Diese Leere muss benannt und ausgehalten werden.

→ Es ist wichtig, dass die SeelsorgerInnen die innere Leere mit den Eltern gemeinsam aushalten und die Eltern ermutigen, die innere Beziehung zu ihrem Kind zu vertiefen.

• Bei einer frühen Fehlgeburt sind die Eltern oft allein: Verwandte und Freunde wussten vielleicht noch gar nichts von der Schwangerschaft, es gibt keine «Zeugen» für das Kind – und damit auch wenige/keine Menschen, die die Trauer teilen können.

→ Die SeelsorgerInnen ermutigen die Eltern, ihrer Familie und ihrem Umfeld von ihrem Kind zu erzählen und vielleicht auch eine Geburts-/Todesanzeige zu verschicken. Dabei sollte jedoch auch realistisch eingeschätzt werden, bei welchen Personen eine solche Nachricht «auf fruchtbaren Boden fällt» – Unverständnis und Ablehnung können zusätzlich verletzen.

• Stirbt ein Kind, dann stirbt für viele Eltern auch ein Teil ihrer selbst. Das Kind – noch ohne eigene Geschichte – ist auch Ausdruck ihrer eigenen Hoffnungen und Wünsche, ihrer Zukunft. Es sind innere, oft unbewusste Bilder, die noch nicht – und nun nicht mehr – zum Ausdruck gebracht werden konnten.

→ Die SeelsorgerInnen lassen nicht nur der Trauer ihren Raum, sie sind auch besorgt, dass die Eltern von ihren Hoffnungen und Träumen für das Kind erzählen können.

• Vor allem die Mütter machen sich oft Selbstvorwürfe, am Tod ihres Kindes doch irgendwie (mit)schuldig zu sein. «Hätte ich doch, wäre ich nicht, dann…».

→ SeelsorgerInnen können – gerade als Aussenstehende im Spitalablauf und medizinische Laien – mit den Eltern manchmal unbefangener als das Spitalpersonal über die Todesursache sprechen. Auch eine medizinische Abklärung der Todesursache kann helfen. Sehr wichtig für viele Eltern ist die Frage, ob die Fehlgeburt Auswirkungen auf eine mögliche Folgeschwangerschaft hat und/oder ob es wieder zu einer Fehlgeburt kommen könnte.

- Das Selbstwertgefühl der Frau kann sehr angeschlagen sein: «Ich kann kein Kind bekommen», «ich kann nichts, ich bin nichts», «alle können Mutter werden, nur ich nicht…»

Bei überraschendem Tod des Kindes kommt zum Schock oft die körperliche Schwäche der Frau hinzu (lange Geburt, Kaiserschnitt). Körperliche Veränderungen machen zusätzlich zu schaffen: Eventuell fliesst Milch, der Körper ist weiterhin auf Mutterschaft ausgerichtet. Mit der hormonellen Umstellung nach der Geburt kann auch seelische Labilität einhergehen: Die Mutter kann «dünnhäutig» sein, möglicherweise auch verletzlich oder sogar depressiv – andererseits aber auch euphorisch und voller Energie, was den Trauerprozess fördern kann.

Befindet sich die Mutter im Spital, ist sie in einer fremden Umgebung. Das vertraute Zuhause, ihr nahe stehende Menschen fehlen, sie fühlt sich eventuell unsicher. Die Hauptbezugspersonen sind hier Hebamme, Ärztin, also Menschen, die erst gerade ins Beziehungsumfeld getreten sind. Umso wichtiger ist es, dass rasch Kontakte mit dem Familienumfeld, mit Freundinnen und Freunden hergestellt werden.

- Schmerz und Trauer können Gespräche zwischen Ehepaaren erschweren oder ganz verstummen lassen. Manchmal gründet das gegenseitige Verschlossensein im Wunsch, den Partner bzw. die Partnerin zu schonen. Sprachlosigkeit, Ohnmacht und individuelle Trauerwege können Angst um die Zukunft der Ehe auslösen oder gar zur Trennung führen.

- Mit dem Tod eines (besonders eines ersten/eventuell einzigen) Kindes müssen Partner gleichzeitig Abschied nehmen von den eigenen Zukunftsvorstellungen, Eltern, Mutter oder Vater zu werden, eine Familie zu gründen. Meist haben sie sich bereits auf die neue Familiensituation eingestellt, sie haben z. B. ein Kinderzimmer eingerichtet, die Arbeit gekündigt oder die Wohnung vergrössert. Die nun entstehende Leere ist gross.

  → Wenn das Kind begrüsst und gewürdigt wird, können sich auch die Eltern als Eltern wertgeschätzt fühlen.

• Der Zeitpunkt, zu dem ein Kind stirbt (frühe, mittlere oder späte Schwangerschaft) kann die Gefühle beeinflussen, muss aber nicht: Bei einer späten Fehl- oder Totgeburt ist die Beziehung zum Kind oft schon recht konkret, und es gibt Erinnerungen zum Aufbewahren (Ultraschallfotos, Fussabdruck, Fotos...). Dies erleichtert den Trauerprozess. Bei einem sehr frühen Kindstod ist das nicht möglich. Die Gefühle für das Kind sind oft noch diffus, und auch das eigene Leben ist noch nicht so stark auf das Kind ausgerichtet. Die Trauer kann trotzdem sehr tief gehen und ist umso schwerer zu verarbeiten.

• Wenn ein Kind zwar lebendig zur Welt kommt, aber wahrscheinlich bald sterben wird, wird es noch schwieriger: Dann trauen sich Eltern aus Angst vor noch grösserem Schmerz oft kaum, eine emotionale Beziehung zu ihrem Kind aufzubauen. Doch gerade das ist nötig, nicht nur für das Kind und die Eltern, sondern auch fürs Abschiednehmen und den Trauerprozess.

→ Es ist wichtig, dass die SeelsorgerInnen die Eltern darin unterstützen, für ihr Kind Eltern zu sein in der Form und für die Zeit, in der dies möglich ist. Nur wo es eine Beziehung gibt, kann auch getrauert und verabschiedet werden – und die kurze verbleibende Lebenszeit des Kindes ist die einzige gemeinsame Zeit mit ihm!

• Wenn Eltern ihr sterbendes oder schon verstorbenes Kind nicht sehen oder begrüssen wollen, kann das manchmal auch ein gesunder Schutz oder ein Widerstand sein, der das seelische Überleben der Eltern in der akuten Situation erst ermöglicht. Widerstand und Abwehr haben ihre Funktion. Sie bewahren vor noch grösseren Einbrüchen.

→ Wichtig ist, dass Seelsorgende auch hier mit den Eltern zusammen Suchende, Tastende bleiben, nicht Wissende, Ziehende, Drängelnde, die Widerstände brechen wollen. Für die Eltern geht in einer solchen Krisensituation sowieso alles viel zu schnell – einerseits; andererseits ist ein persönlicher Kontakt mit dem Kind später nie mehr möglich. Wenn es definitiv zu keiner persönlichen Begegnung mit dem Kind kommt, ist es besonders wichtig, dass Erinnerungen an das Kind bewahrt und z. B. im Spital aufbewahrt werden, damit sie den Eltern – vielleicht auch lange nach dem Kindstod – zur Verfügung stehen (siehe III/2.1.).

• Ganz eigene Fragen stellen sich, wenn der Kindstod nicht plötzlich und unerwartet eintritt, sondern wenn für das Kind aufgrund einer pränatalen Diagnose nur sehr geringe Lebenschancen vermutet werden. Viele Eltern entscheiden sich in dieser Situation zu einem Schwangerschaftsabbruch und müssen sich dann – neben der Trauer um ihr Kind – auch mit ihrer (Mit-)Verantwortung am Tod des Kindes und eventuell mit Schuldgefühlen auseinandersetzen. Andere Eltern entscheiden sich trotzdem für das Austragen der Schwangerschaft und müssen dann lernen, mit dem höchstwahrscheinlichen Tod des Kindes nach der Geburt umzugehen.

→ Sofern SeelsorgerInnen bereits vor/während der Phase der pränatalen Diagnostik Kontakt mit den Eltern haben, können sie sie ermutigen, sich genau zu überlegen, ob und welche Untersuchungen sie wirklich wünschen und wie sie später mit einem belastenden Untersuchungsergebnis umgehen wollen. Auch nach der Diagnose ist es wichtig, gemeinsam mit weiteren Fachpersonen (ÄrztInnen, Hebamme) Zeit und Raum für die anstehenden Entscheidungen (Geburtseinleitung, Austragen der Schwangerschaft usw.) zu schaffen und die seelischen Prozesse zu begleiten.

• Wurde die Schwangerschaft von Mutter oder Vater ambivalent erlebt, kann der Tod eines Kindes auch Erleichterung, gar Befreiung bedeuten. Eine Befreiung kann zum Beispiel sein, dass die Angst wegfällt, für ein erwartetes behindertes Kind sorgen zu müssen. Positive Gefühle können sich auch einstellen, wenn die Schwangerschaft eigentlich unerwünscht war oder wenn Sorgen um Finanzen, Arbeitsplatz, Wohnung usw. die Schwangerschaft stark belastet haben.

→ SeelsorgerInnen sollen auch solche Gefühle respektieren. Selbst wenn Eltern den Kindstod mit Erleichterung aufnehmen, können sich jedoch – eventuell zu einem späteren Zeitpunkt – noch Trauer oder Schmerz einstellen.

• Auch Geschwister haben es schwer, wenn ihre Schwester oder ihr Bruder stirbt, doch ihre Not wird im Trauerprozess leicht übersehen. Kinder spüren intensiv, dass etwas Trauriges, Bedrohliches vor sich geht – selbst wenn sie noch zu jung sind oder die Schwangerschaft zu wenig fortgeschritten war, als dass sie «verstehen» könnten, worum es genau geht. Auch bei Kindern kann es zudem zu Schuldgefühlen kommen, wenn sie ihre Schwester, ihren Bruder beispielsweise eher besorgt, vielleicht eifersüchtig erwartet haben. Nicht zuletzt haben Kinder ihren eigenen, manchmal unbefangeneren Umgang mit dem Tod. Und schliesslich sind Eltern auch nicht davor gefeit, positive oder negative Gefühle dem verstorbenen Kind gegenüber auf ihre anderen Kinder zu übertragen.

→ SeelsorgerInnen können Eltern dabei unterstützen, die Bedürfnisse ihrer Kinder auch in der Krisensituation wahrzunehmen.

• Fehlgeburt/perinataler Kindstod wird in verschiedenen Kulturen und Religionen ganz unterschiedlich wahrgenommen. Während die Achtsamkeit gegenüber Fehlgeburt/Kindstod in den mitteleuropäischen Gesellschaften allmählich wächst, sind solche Erfahrungen in anderen Kulturen oft selbstverständlicher, z. T. aber auch mit (eventuell frauendiskriminierenden) Wertungen verbunden. Dies ist – je nach kulturellem Hintergrund der Eltern – zu beachten, gerade auch dann, wenn es sich um eine kultur- oder religionsverbindende Partnerschaft handelt.

Jede Situation von Fehlgeburt oder perinatalem Kindstod ist einzigartig. Die individuellen Trauerprozesse folgen keinen einheitlichen Regeln. Häufig treten jedoch auch widersprüchliche Gefühle auf. Deshalb hören die SeelsorgerInnen den betroffenen Eltern/Familien gut zu und versuchen zu spüren, was sie in ihrer konkreten Situation bewegt. Sie ermutigen die Eltern, ihre persönlichen, auch chaotischen Gefühle wahrzunehmen und auszuhalten.

2. Theologische Aspekte

Bei der theologischen Reflexion über Fehlgeburt und perinatalen Kindstod, aber auch bei der Vorbereitung von Ritualen, Segnungsfeiern, Beerdigungen, Predigten usw. können folgende Gedanken helfen:

• Jeder Mensch, und habe er/sie auch noch so kurz gelebt, ist von Gott geliebt und bejaht. Gottes Ja zu jedem Menschen und auch die Verheissung eines Lebens über den Tod hinaus gelten unwiderruflich auch für jedes früh verstorbene Kind. «Ich habe dich bei deinem Namen gerufen – du gehörst zu mir» (nach Jes 43,1).

• Jedem Menschen, auch jedem Kind im Mutterleib, kommt die volle Würde aller Menschen zu. Und auch jedes früh verstorbene Kind ist ein einmaliges, unverwechselbares Abbild Gottes.

• Auch wenn ausser den Eltern noch niemand von der Schwangerschaft wusste – Gott weiss um das Kind, Gott ist Zeuge seines Lebens. Gott schenkt und achtet jedes Leben, und bei ihm geht auch das kleinste Kind nicht vergessen. Martin Buber drückt das in der freien Übersetzung des hebräischen Gottesnamens aus: «Ich bin da».

• «Meine Gedanken sind nicht eure Gedanken, und eure Wege sind nicht meine Wege» (Jes 55,8); «Bei Gott sind ein Tag wie tausend Jahre und tausend Jahre wie ein Tag» (Ps 90,4; 2Petr 3,8)... Wenn solche klassisch-theologischen, biblischen Aussagen nicht kalt-distanziert und von oben herab verkündet, sondern einfühlsam mit den Eltern gemeinsam ertastet werden, können sie vielleicht dabei helfen, das so kurze Leben des Kindes trotz allem als vollkommenes, auf geheimnisvolle Weise vollendetes Leben wahrzunehmen.

• Für Eltern ist es oft wichtig zu spüren, dass ihr Kind nicht ins Leere fällt: Wir geben unser Kind nicht einfach ins Nichts, sondern legen es – zum Beispiel – in Gottes Hand, in Abrahams (und Saras)

Schoss, wir legen es Gott ans Herz, wir wünschen ihm Begleitung durch Christus... Hier sind biblische, lebensnahe, emotional ansprechende und theologisch verantwortete Gottesbilder, Sprachbilder und Metaphern gefragt, die Eltern auf dem schwierigen Weg begleiten, ihr Kind Schritt für Schritt loszulassen.

• Die Theodizee-Frage stellt sich beim frühen Kindstod in besonderer Schärfe – und sie bleibt genauso unbeantwortbar wie sonst auch. Wenn überhaupt, dann helfen hier nur gemeinsames Fragen und Suchen weiter. Fertige Antworten dagegen werden fast sicher zum Schlag ins Gesicht. Sofern dieser suchend-fragende Umgang mit der Theodizee-Frage gewährleistet ist, darf aber auch daran erinnert werden: Das Spezifische des christlichen Gottesbildes liegt darin, dass Gott sich nicht aus dem Leid der Welt heraushält, sondern sich davon berühren lässt, Anteil nimmt und solidarisch wird mit uns. Gott sieht meine Tränen. Gott tröstet mich und gibt mir Kraft zum Überleben und Weiterleben. Gott als Kraft des Trotzdem, als Aufschrei gegen das Sinnlose, Unfassbare. Gott schreit mit Jesus am Kreuz: «Warum, warum hast du mich verlassen?» In einem solchen Gottesbild sind auch Schmerz und Trauer um ein verlorenes Kind aufgehoben. Nicht zuletzt kann die Sinnfrage dabei auch als Frage offen bleiben: Wir kennen die Antwort nicht, aber wir können Gott die Frage danach stellen.

Schwierig für die seelsorgliche Begleitung ist dabei jedoch, dass es bei den Eltern zu heftigen Ambivalenzen im Gottesbild kommen kann: Für ihr Kind wünschen sie sich einen liebevollen, zärtlichen Gott – doch sie selbst erleben Gott in dieser Situation oft ganz anders: unberechenbar, eventuell sogar bösartig, grausam. Die Erfahrung eines frühen Kindstods kann so zum Ausgangspunkt einer neuen Frage nach Gott und Gottesbildern werden. Dabei müssen jedoch auch Spannungen und Ambivalenzen ausgehalten werden – sie verweisen darauf, dass wir uns Gott nicht «zurechtbiegen» können.

• Fehlgeburt und perinataler Kindstod sind tragische, einschneidende Ereignisse – und trotzdem: Früher Kindstod ist Teil der Natur, und das heisst theologisch gesprochen: Teil der Schöpfung. Früher Kindstod fordert deshalb auch dazu heraus, Schöpfung neu zu verstehen – als ein natürliches Kommen und Gehen, Entstehen und Vergehen, Geburt und Tod. Beides gehört zum Leben, wie das Kommen und Gehen der Wellen des Meeres. Vielleicht ergeben sich aus dem Verlust auch neue Perspektiven, vielleicht kann diese überaus schmerzhafte Erfahrung auch auf überraschende Weise für die Eltern selbst und für andere Menschen fruchtbar werden. So könnte zum Beispiel eine neue Sensibilität für die Schönheit und Zerbrechlichkeit des Lebens wachsen.

• Sehr oft werden Eltern von Schuldgefühlen gegenüber ihrem verstorbenen Kind geplagt. Das muss zunächst ernst genommen werden. Eltern brauchen Raum, auch solche Gefühle zu äussern und damit auf Verständnis zu stossen, selbst wenn sie für Aussenstehende unbegründet erscheinen. Eine neuere theologische Dissertation hat sich vertieft mit dem Thema Schuld- und Schamgefühl beim frühen Kindstod auseinandergesetzt: Andrea Morgenstern, *Gestorben ohne gelebt zu haben* (2005, siehe Anhang 1.). Hinter Schuldgefühlen kann jedoch auch ein «magisches» Weltverständnis stehen, zum Beispiel die Vorstellung, dass das Kind gestorben sei, weil es nicht wirklich angenommen werden konnte. Demgegenüber ist – in Empathie, aber auch in Entschiedenheit – an christliche Gottesbilder zu erinnern: Gott schickt Menschen nicht Leid, um sie zu strafen, und Gott lässt schon gar nicht Kinder für vermeintliche Fehler ihrer Eltern büssen. Gott bleibt aber auch unverfügbar, bei allem Guten, was wir uns von Gott ersehnen.

• Auferstehung hat bei Fehlgeburt und Kindstod (mindestens) zwei Facetten: Für das verstorbene Kind dürfen wir zutiefst darauf vertrauen, dass es bei Gott gut aufgehoben und geborgen ist, dass sich sein – auch noch so kurzes – Leben bei Gott in aller Fülle vollendet, und zwar jenseits aller Fragen nach der Heilsbedeutsamkeit der Taufe in der traditionellen Theologie.

Was aber ist mit dem Wieder-Aufstehen, der Auferstehung der betroffenen Eltern/Familie? Dasselbe griechische Wort, *egeiro*, wird im Neuen Testament sowohl für «Aufstehen» im alltäglichen Sinn wie auch für «Auferstehen» in seiner ganzen Bedeutungsfülle verwendet. Auf(er)stehen bedeutet deshalb auch: befreit werden, aufbrechen oder neu beginnen.

Im Zusammenhang mit Fehlgeburt und Kindstod heisst Auf(er)stehen sicher zunächst einmal, die tiefe Nacht aushalten, wahrnehmen, wie viel Zeit und Raum Trauer und Erschöpfung in Anspruch nehmen. Vor dem Ostersonntag müssen Karfreitag und Karsamstag durchlebt werden, und dieser Prozess dauert länger als drei Tage. Auf(er)stehen heisst in dieser Phase vielleicht, sich nicht vom Warum erdrücken lassen, sondern sich von Freundinnen und Freunden, von der Familie, aber auch vom mit-leidenden Gott begleitet wissen. Auf(er)stehen bedeutet aber auch, das Licht im Dunkeln anzusprechen, wenn es noch nicht sichtbar ist, sich daran erinnern, dass auch die längste Nacht nicht endlos ist. So kann sich mit der Zeit der Blick wieder weiten, können sich die Augen öffnen für das Licht am Horizont.

Auf(er)stehungserfahrungen kann man sich nicht irgendwo «holen» oder «machen», sie sind ein Geschenk. In gewisser Weise kann ich aber durch meine innere Haltung dazu beitragen, dass Auf(er)stehungserfahrungen möglich werden – und dass ich überhaupt wahrnehme, wenn in meinem Leben allmählich der Ostersonntag anbricht. In diesem Sinne kann es für betroffene Eltern durchaus eine Ostererfahrung sein, einen schönen, fröhlichen Tag zu geniessen, ohne bei der Erinnerung an ihr verstorbenes Kind in die Traurigkeit zurückzufallen.

Darüber hinaus kann Auf(er)stehen aber auch bedeuten, dass betroffene Eltern neue Lebensperspektiven entwickeln: Perspektiven, die das verstorbene Kind zwar nicht ersetzen, aber doch über es hinausgehen – sei es durch aktives Annehmen ihres Lebensweges mit vielleicht bereits vorhandenen oder auch ohne Kinder, sei es durch andere Lebensprojekte, die Liebe, Zeit und Energie erfordern, oder sei es im Sich-Einlassen auf eine neue Schwangerschaft, was nach der schweren Erfahrung eines frühen Kindstods alles andere als selbstverständlich und einfach ist. Welch eine Ostererfahrung, wenn eine nächste Schwangerschaft einigermassen angstfrei durchlebt werden kann!

Für Eltern, die bereits Kinder haben, kann Auf(er)stehen aber auch sehr konkrete Formen annehmen, indem sie auf eine gute Balance zwischen ihren eigenen Gefühlen und denen ihrer Kinder achten: Kinder brauchen – erst recht nach dem Tod eines Geschwisters – Liebe und Aufmerksamkeit, die ihnen *selbst* zukommt, und zwar nicht ihnen als Stellvertreterobjekten für das verstorbene Geschwister. Für Eltern liegt darin sicher eine besondere Herausforderung, aber auch eine Chance: Manche können sich von der Lebensfreude anstecken lassen, die sich bei ihren Kindern – vielleicht – anders, unbefangener und schneller wieder zeigt als bei ihnen selbst.

• Zeichen, Rituale und Sakramente können eine grosse Hilfe sein, die unfassbaren Situationen von Fehlgeburt/Kindstod wahrzunehmen, innerlich «ankommen» zu lassen und zu verarbeiten. Rituale drücken aus, was mit Worten nicht gesagt werden kann. Sie nehmen innere Bilder und Fragen auf und geben ihnen eine äusserlich sichtbare, erlebbare, anfassbare Form. Mehr noch: Rituale begleiten und gestalten lebensgeschichtliche Übergänge. Und gerade Begrüssung und Abschied, Taufe und Beerdigung sind zwei klassische Übergangsrituale («rites de passage»). Werden sie sorgfältig und gemeinsam mit den Eltern gestaltet, können sie eine unschätzbare Hilfe bei der Trauerarbeit sein. Weil es kaum gemeinsame Erlebnisse mit dem Kind gibt, sind solche Rituale auch als spätere Erinnerungen an das Kind sehr wichtig. SeelsorgerInnen sind somit ganz besonders in ihrer Kompetenz als Fachleute für Feiern und Rituale gefragt.

Je nach religiöser Ausrichtung und/oder Konfession der Eltern stellt sich auch die Frage nach der Taufe. Wenn das Leben des Kindes bei der Geburt gefährdet ist, sollte die Frage der Taufe/Nottaufe möglichst bereits vor der Geburt mit den Eltern besprochen werden. Schon die innere Auseinandersetzung mit der Taufe kann den Eltern helfen, ihr Kind trotz aller Ängste und Gefahren als lebendiges Kind willkommen zu heissen und es Gott ans Herz zu legen.
    Ist eine Taufe vorgesehen, müssen Hebammen, ÄrztInnen, Spitalpersonal usw. darüber informiert und in die Diskussion einbezogen werden, damit die medizinischen Massnahmen für das Kind und die Taufe gut koordiniert werden können.
    Gelegentlich wünschen Eltern auch dann eine Taufe, wenn ihr Kind voraussichtlich tot zur Welt kommen wird oder bereits gestor-

ben ist. Hinter diesem Wunsch verbirgt sich oft der Wunsch, das Kind gerade in der Notsituation bei Gott geborgen zu wissen. Daneben können – ausgesprochen oder unausgesprochen – aber auch Hoffnungen und Ängste mitschwingen, die aus theologischer Sicht problematisch sind: «Vielleicht rettet Gott unser Kind dann doch noch» (beim Wunsch nach Taufe eines bedrohten Kindes im Mutterleib), «Wir wollen nicht, dass unser Kind in die Hölle kommt...» (bei einem bereits verstorbenen Kind) usw.

Da hinter solchen Äusserungen tiefe Gefühle und oftmals auch schwer aufzuarbeitende Glaubensbiografien stecken, sollten SeelsorgerInnen den Eltern nicht primär auf theologischer Ebene beizubringen versuchen, dass und warum die Taufe eines verstorbenen Kindes nicht möglich ist. Es kann zwar hilfreich sein, besorgte Eltern an die grenzenlose Liebe und Gnade Gottes zu erinnern, die ganz sicher auch früh verstorbene Kinder einschliesst (vgl. z. B. Ps 36,6, Mk 10,13–16, Röm 8,38f, Mk 10,27). Auf den Wunsch, ein bereits gestorbenes Kind taufen zu lassen, darf aber nicht in einem blossen Gespräch eingegangen werden. Wichtig ist vielmehr, den Eltern eine andere Form der Segnungs- oder Begrüssungsfeier für ihr Kind vorzuschlagen. Je nach Konfession und religiöser Tradition können Segnungsfeiern mit (Weih-)Wasser, Salböl usw. gestaltet werden (siehe III/2.), die das Anliegen der Eltern nach liturgisch-symbolischer Verdichtung aufnehmen, ohne eine Taufe zu simulieren. Die weiterführenden seelsorglichen und theologischen Fragen können in einer längerfristigen Begleitung thematisiert werden.

Hilfreich ist seelsorgliches Engagement auf dem Hintergrund einer Theologie, die mit den Eltern gemeinsam sucht, fragt, klagt, hofft. Die persönlichen Sinnfragen können angesprochen werden, und die grossen Schätze der biblisch-kirchlichen Tradition können weitertragen und Wunden heilen.
Aber: Sowohl Fragen wie Antworten der Eltern sind individuell höchst unterschiedlich.
Die Theodizee-Frage beispielsweise kann für die einen absolut zentral sein, für andere belanglos, und wieder andere haben sie für sich persönlich längst geklärt.

---

3. Fehlgeburt und Kindstod in der Bibel

Fehlgeburt und perinataler Kindstod werden gelegentlich auch in den biblischen Schriften erwähnt. Damals war jede Geburt – wie auch bei uns noch bis ins 20. Jh. hinein – mit erheblichen Gefahren für das Leben des Kindes *und* der Mutter verbunden, und viele Kinder starben noch in den ersten Lebensjahren an Krankheiten, Hunger oder auch in Kriegen. Diese Alltagserfahrungen spiegeln sich im Ersten Testament darin, dass ein einziges hebräisches Wort (*schakol*) das ganze Wortfeld rund um die Gefährdung von Kindern vor *und* nach der Geburt abdeckt. *Schakol* bedeutet ungefähr *der Kinder beraubt werden/eine Fehlgeburt erleiden/unfruchtbar sein*.

Fehlgeburt und perinataler Kindstod wurden nach dem Zeugnis der biblischen Schriften als grosse Not und wohl auch als traumatisierende Ereignisse erfahren, und die Befreiung davon gehört zu den tiefen Hoffnungen für ein glückliches Leben:

- Die erste eigenständige Tat Elischas nach der Entrückung seines Lehrers Elija betrifft das Problem von Fehlgeburt/Totgeburt: Elischa reinigt das Wasser von Jericho, damit es dort keine Krankheiten und Fehlgeburten mehr gibt (2Kön 2,19–21). Es sind interessanterweise die *Männer* von Jericho, die Elischa darum bitten!

- Die Landverheissung für Israel wird am Ende des sog. «Bundesbuches» u. a. dadurch charakterisiert, dass dort keine Frau mehr eine Fehlgeburt erleiden werde (Ex 23,25f).

- Das ungeborene Kind im Mutterleib geniesst Rechtsschutz: Wenn Männer im Streit eine schwangere Frau verletzen und so eine Fehlgeburt verursachen, muss eine Busse bezahlt werden (Ex 21,22).

- In einer endzeitlichen Verheissung aus dem Jesaja-Buch (Tritojesaja) wird das – gute! – Schicksal der neugeborenen Kinder wie auch der alten Menschen zum Zeichen für Gottes Heil: «Ich will über Jerusalem jubeln und mich freuen über mein Volk. Nie mehr hört man dort lautes Weinen und lautes Klagen. Dort gibt es keinen Säugling mehr, der nur wenige Tage lebt, und keinen Greis, der nicht das volle Alter erreicht...» (Jes 65,19f).

Zahlreicher als diese hoffnungsvollen Stellen sind jedoch solche, in denen grosses Erschrecken über Fehlgeburt/Kindstod zum Ausdruck kommt (Num 12,11f), Fehlgeburt/Kindstod zum Symbol für ein nicht mehr als lebenswert empfundenes Leben wird (Koh 6,3–6; Ijob 3,11–16) oder gar zur Verwünschung der Feinde instrumentalisiert wird (Ps 58,8f). Die einzige neutestamentliche Stelle, die das Thema streift, ist ebenfalls nicht für die seelsorgliche Begleitung Betroffener geeignet (1Kor 15,8f).

III. Seelsorgliche Begleitung

1. Vorbereitung auf das Erstgespräch

Menschen im Trauerprozess zu begleiten heisst unter anderem, Raum und Zeit zu geben, damit sie ihre Gefühle und ihre geistig-religiösen Kraftquellen und Orientierungen wahrnehmen, womöglich zur Sprache bringen und aus ihnen schöpfen können. Dabei sind Sie nicht nur als Fachperson gefragt, sondern ebenso dringend als emotional wahrnehmbares, spürbares Gegenüber. Gerade wenn Eltern mit widersprüchlichen, diffusen Gefühlen ringen, brauchen sie ein Gegenüber, das nicht teilnahmslos oder gefühlskalt, aber auch nicht kopflos agiert.

Sofern Sie die betroffenen Eltern und ihre Situation nicht bereits kennen, wird in der Regel ein erstes Gespräch zur Kontaktaufnahme nötig sein. Schon im Erstgespräch können SeelsorgerInnen dazu beitragen, dass sich die Eltern später dauerhafter, nachhaltiger an ihr Kind erinnern können. Lassen Sie sich deshalb von den Eltern erzählen, was sie mit ihrem Kind erlebt haben.

Wenn eine Begrüssungs-/Abschiedsfeier geplant ist, sollten gegen Ende des Erstgesprächs auch erste Ideen dafür gesammelt werden. Für die konkrete Vorbereitung der Feier ist in der Regel ein zweites Gespräch erforderlich.

So hilfreich eine Feier sein kann – letztlich entscheiden die Eltern, was sie für ihren Trauerprozess wünschen. Seelsorgliche Begleitung ist auch dann wichtig, wenn es zu keiner Symbolhandlung oder Feier kommt.

Der folgende Leitfaden zum Gespräch kann bei der Vorbereitung des ersten Seelsorgegesprächs hilfreich sein. Dabei geht es nicht darum, immer an alles zu denken. Die Liste soll aber dazu dienen, die Weite der individuellen Situation auszuloten (Normalschrift bezieht sich auf die Situation der Betroffenen, Kursivschrift auf die Situation der SeelsorgerInnen).

Leitfaden zum Gespräch

- Situation: Ich erfahre vom Tod eines Kindes vor, während, nach der Geburt
  - Was habe ich gehört? Wie wurde es mir mitgeteilt? Von wem?
  - Was habe ich zwischen den Zeilen mitgehört?
  - Brauche ich noch mehr Informationen? Medizinische, fachliche, seelsorgliche, psychologische, organisatorische?
  - Wer weiss bisher von der Situation, wer soll noch miteinbezogen werden (Familie/Freundeskreis der betroffenen Eltern, Gotte/Götti des Kindes)?
  - Mit wem muss ich mich noch absprechen (Spitalseelsorge, Hebammen, Pflegefachpersonen, ÄrztInnen, PsychologInnen...)?
  - Wo kann das Gespräch ungestört stattfinden (Spital – eventuell Mehrbettzimmer! –, Besprechungs-/Ärztezimmer, Zettel an Türe...)?

  - *Wie geht es mir? Meine Gefühle, Erinnerungen an ähnliche Situationen, meine (Familien-)Geschichte?*
  - *Welche Befürchtungen habe ich?*
  - *Was brauche ich jetzt vor dem Gespräch mit den Angehörigen? (Gespräch mit Fachperson, KollegIn, FreundIn, kurze Ruhepause/Gebet, etwas mitnehmen)?*
  - *Habe ich mir genug Freiraum geschaffen für das Gespräch und die Zeit danach?*

- **Was ich in der Begegnung mit Mutter und Vater ansprechen/ erspüren muss**
  - Wie geht es den Eltern emotional?
  - Wie geht es den Eltern (besonders der Mutter) körperlich/gesundheitlich?
  - Wie geht es – gegebenenfalls – den Geschwistern des verstorbenen Kindes?
  - Was haben die Eltern nach der Geburt mit ihrem Kind erlebt, an ihm wahrgenommen? Wollten/konnten sie es überhaupt sehen? Wie sah/ sieht es aus, wie hat es geschaut, hat es geschrien, wie hat es sich angefühlt, wie hat seine Haut geschmeckt, Haarfarbe usw.
  - Ist es möglich, das Kind während/nach dem Gespräch mit den Eltern gemeinsam zu sehen? Wollen die Eltern es eventuell (noch einmal/ zum ersten Mal) alleine sehen?
  - Wie reden die Eltern von ihrem Kind? Haben sie ihm einen Namen gegeben, gibt es einen Kosenamen? Was fällt mir auf – Worte, Formulierungen, Emotionen, Körpersprache?

- Was beschäftigt die Mutter, den Vater momentan am meisten?
- Wer hat das Kind schon gesehen, wer will/darf/sollte es sonst noch sehen (Geschwister, Grosseltern, Gotte, Götti, FreundInnen)?
- Sind bereits Erinnerungsstücke an das Kind vorhanden?
- Wie ist es den Eltern in der Schwangerschaft gegangen, was erzählen sie von ihren Hoffnungen, Freuden, Ängsten und Beschwerden?
- Gab es Anzeichen für den Kindstod? Kam der Kindstod für die Eltern überraschend oder haben sie ihn schon erahnt?
- Haben die Eltern Wünsche, Ideen für eine Begrüssungs- und Abschiedsfeier/für ein entsprechendes Ritual?
- Welche Elemente für eine Feier/ein Ritual möchte ich den Eltern vorschlagen?
- Wo soll die Feier stattfinden? Wann? Wer soll daran teilnehmen?
- Soll und kann die/der GemeindeseelsorgerIn/PfarrerIn informiert werden?
- Wer soll die Feier leiten? (SpitalseelsorgerIn, GemeindeseelsorgerIn, eventuell zusammen mit Hebamme/TrauerbegleiterIn?)
- Wann, wo, mit wem findet das zweite Gespräch (zur konkreten Vorbereitung der Begrüssungs-/Abschiedsfeier) statt? Was gibt es in der Zwischenzeit zu tun? Wer tut es?
- Wer ist für die Eltern (wenn gewünscht/nötig) in den nächsten Stunden, Tagen da?

- *Brauche ich Unterstützung? In Fachfragen, für meine eigenen Gefühle, bei der Vorbereitung und Organisation der Feier?*
- *Kann/möchte ich die Feier alleine gestalten? Wer könnte auch noch mitwirken?*

Wichtig ist es, gut zuzuhören, was die Eltern erzählen, und ihnen Zeit und Raum zu geben für ihre Emotionen und für den Versuch, diese in Worte zu fassen.
Von Seiten der SeelsorgerInnen sind keine «Rezepte» und fertigen Antworten gefragt, sondern Empathie sowie die Bereitschaft und die Fähigkeit, auch Ohnmacht und schwierige Situationen auszuhalten.
Die SeelsorgerInnen dürfen für die betroffenen Eltern auch emotional spürbar sein und zu ihren eigenen Gefühlen und Grenzen stehen.
Die Rolle der Seelsorgerin/des Seelsorgers in der Trauerbegleitung sollte in Abstimmung mit den anderen Beteiligten (Spitalseelsorge, Geburtshilfe, PflegerInnen, ÄrztInnen, PsychologInnen, Gemeindeseelsorge…) geklärt sein. Dabei achten SeelsorgerInnen auch darauf, dass im komplexen Prozess nichts vergessen geht.

2. Zeichen, Rituale, Gottesdienste

Weil die Trauer und die anderen Gefühle rund um frühen Kindstod so schwer in Worte zu fassen sind, bekommen Zeichen, Rituale, Gottesdienste und Feiern jeder Art besonders grosse Bedeutung. Was mit Worten kaum auszudrücken ist, kann in Symbolen und Ritualen (vielleicht) ein Stück weit erlebt und verarbeitet werden. Die folgenden Ausführungen legen deshalb grosses Gewicht auf die Vorbereitung und Durchführung von Feiern und Symbolhandlungen. Gerade deshalb sei aber auch betont, dass eine seelsorgliche Begleitung nicht einfach «unvollständig» ist, wenn sie nicht in eine gottesdienstliche Feier mündet. Manchmal wünschen Eltern keine Feier, manchmal sprechen andere Gründe dagegen. Auch eine «nur» seelsorgliche Begleitung, Gespräche mit anderen Betroffenen, mit dem Spitalpersonal usw. sind wichtig und hilfreich!

SeelsorgerInnen können solche Gespräche fördern, indem sie z. B. anregen, auf Geburtsstationen ein «Erinnerungsbuch» aufzulegen, in dem betroffene Eltern/Familien oder auch das Personal ihre Erinnerungen an das verstorbene Kind, ihren Umgang mit der Situation usw. eintragen können. Für (neu) Betroffene kann es sehr hilfreich sein, vor Ort auch anderen Erfahrungen und Schicksalen zu begegnen und so zu spüren, dass sie mit ihrem Leid nicht allein sind.

Unabhängig davon, ob jetzt eine Symbolhandlung stattfinden soll, ist es wichtig, so früh wie möglich konkrete Erinnerungen an das sterbende oder bereits verstorbene Kind zu bewahren. Dies sollte bereits vom Spitalpersonal veranlasst werden: Als SeelsorgerIn sollte man zumindest nachfragen, ob dies geschehen ist; ansonsten wären die Eltern dazu zu ermutigen. Für die Bewahrung von Erinnerungen bleibt nur ganz wenig Zeit – wenn es nicht rechtzeitig geschieht, sind die Erinnerungen unwiederbringlich verloren!

Neben den «materiellen» Erinnerungsstücken können gerade SeelsorgerInnen dazu beitragen, dass sich die Eltern ihrer eigenen, inneren Erinnerungen an die Zeit der Schwangerschaft, an die Geburt und an ihr Kind bewusst werden: Auch das Erleben dieser Zeiten/Situationen sind Erinnerungen, die den Eltern bei der Trauerarbeit helfen.

Alle Erinnerungen – «materielle» wie seelische, gedankliche – können eventuell auch in einer späteren Feier eine Rolle spielen. Dabei muss der Doppelcharakter des Rituals beachtet werden: Oft müssen Begrüssung und Abschied, Geburt und Tod in einem Ritual «gefeiert» werden. Dann muss das Kind zunächst begrüsst, willkommen geheissen, beachtet und bei seinem Namen genannt werden, wie es sonst bei der Taufe geschieht. Erst anschliessend kann auch der Abschied gestaltet werden. Das bedeutet für die Eltern, aber auch für die/den SeelsorgerIn eine enorme emotionale Zerreissprobe und stellt hohe Anforderungen an die liturgisch-rituelle Kompetenz der Seelsorgenden.

2.1. Erinnerungen an das Kind bewahren

Grundsätzlich sollten Eltern ermutigt werden, ihr Kind anzuschauen, in die Arme zu nehmen, es zu halten, zu streicheln... Wenn Eltern sich das nicht zutrauen, weil das Kind z. B. durch die Umstände von Schwangerschaft oder Geburt verletzt wurde oder ungewohnt aussieht, kann eine einfühlsame und sorgsame Begleitung durch Hebamme, SpitalseelsorgerIn usw. oft dabei helfen, die Angst zu überwinden. Begleitende Fachpersonen können z. B. den Eltern ihr Kind zunächst beschreiben, es selbst auf den Arm nehmen und die Eltern so ermutigen, dies dann auch zu tun. Der nahe, körperliche Kontakt auch mit einem schon verstorbenen Kind gibt den Erinnerungen eine emotional-sinnliche Dimension, die sonst kaum erreicht wird. Andererseits sollten Eltern auch nicht gedrängt werden, ihr Kind in die Arme zu nehmen. Auch Widerstände können eine wichtige seelische Funktion haben und müssen respektiert werden.

Über den körperlichen Kontakt hinaus – und die Erfahrung der Schwangerschaft und Geburt, die ja auch schon eine grosse Erinnerung bedeutet – gibt es viele weitere Möglichkeiten, bleibende, materielle Erinnerungen zu «schaffen»:

- Fotos machen (auch digital oder polaroid, die sofort betrachtet werden können; Polaroid-Fotos verblassen jedoch mit der Zeit)
- Aussehen beschreiben, Notizen machen (besonders von Dingen, die man auf Fotos eventuell nicht sieht, z. B. Augenfarbe)
- Das Kind zeichnen, malen (lassen)
- Farb-, Gips- oder Tonabdrücke machen, von Händen, Füssen, Fingern, Zehen…
- Haarsträhne abschneiden
- Kind in ein schönes Tuch einwickeln, Tuch später aufbewahren
- Kopf-, Bauch- oder Armumfang, Körpergrösse mit schönem Wollfaden abmessen, aufbewahren
- Spitalunterlagen aufbewahren, z. B. Namensschildchen, Pflegeprotokoll usw.
- Erinnerungen aus der Schwangerschaft aufbewahren: Mutterpass, Ultraschallbilder (auch bei der Gynäkologin/dem Gynäkologen nachfragen), bereits gekaufte Kinderkleider usw.

Bleibende Erinnerungen zu bewahren ist wichtig.

In seltenen Fällen werden diese Erinnerungen zu einem Zwang, einem Ersatz, d. h. es besteht die Gefahr, dass die Gegenstände eine Art «magisches» Eigenleben entwickeln und den Trauerprozess behindern.

2.2. Rituale: Vielfalt und Kreativität

Rituale können nicht einfach nach einem vorgegebenen Muster abgewickelt werden. Es gehört zum seelsorglichen Auftrag, sie zusammen mit den Trauernden zu gestalten, so dass sie für alle stimmig sind. Beim Begleiten der Eltern hat darum offenes Zuhören Priorität. Der Trost ist grösser und geht tiefer, wenn die Eltern die Rituale, Worte und Bilder mitentwickeln. Dabei ist jedoch zu beachten, dass manche Eltern dazu nur bedingt in der Lage sind – aus der aktuellen Situation heraus oder weil sie sich «so etwas» grundsätzlich nicht zutrauen (Scheu vor religiösen Fragen, mangelnde Sprachkompetenz usw.). So oder so wird sich mit der Zeit für jede(n) SeelsorgerIn ein gewisser Grundbestand an Zeichen und

Symbolen entwickeln, die sie/er bevorzugt verwendet und den Eltern vorschlägt. Diese Grundelemente geben auch den SeelsorgerInnen in solchen Grenzsituationen Halt und Sicherheit.

Grundsätzlich muss – wahrscheinlich in einem eher kreisenden, suchenden Prozess und deshalb mehrmals – geklärt werden, was für eine Feier/Ritual gestaltet werden soll. Konkret: Geht es um eine erste Begrüssungs-/Namensgebungs-/Abschiedsfeier im engsten Familienkreis im Spital, auf die eine Beerdigung im grösseren Rahmen folgt? Oder gibt es (vorerst) nur eine einzige Begrüssungs- und Abschiedsfeier, weil das Kind nicht beerdigt wird? Gibt es eine «normale» Beerdigung?

Hilfreich ist es, sich mit den Eltern auf einen konkreten Namen für die Feier/das Ritual zu einigen – dabei kann sich auch klären, worum es vorrangig gehen soll und welche Symbole oder Rituale zur gewählten Feier passen.

Die Spital- und Gemeindepfarrerin Anita Masshardt, Bern, hat in ihrer vielseitigen Praxis folgende Situationen kennen gelernt:

- Das Kind ist geboren, doch es hat nur geringe Lebenschancen: Die Eltern wünschen eine Nottaufe.
- Das Kind ist noch im Mutterleib und lebt. Es ist wahrscheinlich, dass es bei der Geburt sterben wird: Die Eltern wünschen eine Art Taufe/Segnung des Kindes im Mutterleib.
- Das Kind ist tot geboren oder stirbt bei der Geburt: Die Eltern wünschen eine Abschiedsfeier im Spital, manchmal möchten sie diese Abschiedsfeier verbinden mit einer Namensgebungsfeier.
- Zwischen dem Tod des Kindes im Spital und der Abschiedsfeier verbleibt noch etwas Zeit. Die Eltern möchten ihr Kind mit nach Hause nehmen und wünschen Begleitung durch eine Seelsorgerin.
- Eltern, deren Kind gestorben ist, wünschen eine Abschiedsfeier oder Beerdigung in ihrer Gemeinde, auf dem Friedhof oder als Abdankungsfeier in der Kirche.
- Frauen/Eltern, die schon vor einiger Zeit ein Kind verloren haben, damals aber keine hilfreiche Begleitung erlebt haben und/oder deren Kind nicht bestattet werden konnte, möchten gerne

ein Ritual feiern, um ihr Kind loslassen zu können, um trauern, um weiterleben zu können.
– Institutionalisierte (jährliche) Gedenkfeiern für Eltern und weitere Familienangehörige, die ein Kind verloren haben.

Ein Ritual ist eine bewusst vorbereitete und vollzogene Symbolhandlung, die Gefühle und Gedanken ausdrückt (siehe M. Nijs, Trauern hat seine Zeit, S. 29). Es ist ein schöpferischer Weg, um mit Gefühlen umzugehen und Sinn zu finden.

– Das Ritual ist deshalb individuell. Es passt sich den Bedürfnissen, Kräften und Überzeugungen der Trauernden an.
– Das Ritual ist einmalig. Begrüssung des Kindes und Abschied vom Kind (und möglicherweise eine kurze Zeit dazwischen) bilden die einzigen Gelegenheiten, dem Kind konkret zu begegnen, es zu begreifen, zu sehen, zu spüren, Gemeinschaft mit ihm in der Familie zu erleben.
– Es dürfen alle Ebenen angesprochen werden: Gefühle, Sinnliches (Sehen, Hören, Tasten, Riechen), Körperliches, Spirituelles, Narratives, intellektuelles Fragen und Denken…
– Rituale sind gemeinschaftlich: Sie beziehen andere Menschen mit ein, sie machen den Schmerz öffentlich. Der Verlust wird anerkannt von Zeugen. Geschwister, Grosseltern, Götti/Gotte, Freundinnen und Freunde, kurz: das vertraute soziale Umfeld der Eltern soll da sein und bestätigen: «Ja, ich habe das Kind gesehen.» Je mehr Menschen miteinbezogen werden, desto mehr Gesprächs- und Erinnerungspartner und -partnerinnen sind später für die Eltern da.
– Das Ritual darf öffentlich sein: Sofern die Feiern von kirchlich beauftragten SeelsorgerInnen durchgeführt werden, haben sie auch eine kollektive Dimension: Die Eltern stehen mit ihrem Verlust nicht allein. Sie sind eingebunden in eine grosse Gemeinschaft, in der Menschen nach Schicksalsschlägen und schweren Erfahrungen versuchen, neue Kraft und Hoffnung zu schöpfen und die Gottesfrage auch im Leid offen zu halten.

2.3. Feiern vorbereiten und durchführen: Ideensammlung

Die folgende Sammlung will nur erste Ideen geben und zur persönlichen, kreativen Gestaltung anregen. Ausgearbeitete Modelle für Feiern und Rituale finden sich in manchen Büchern und sind auch übers Internet abrufbar (siehe Anhang 1.).

Selbstgestaltete Rituale können sehr heilsam und persönlich sein. Es ist aber auch hilfreich, sich in der Feier innerlich «zurücklehnen» zu können, nicht immer alles selbst und aktiv «machen» zu müssen, auf vertraute Texte hören zu dürfen. Deshalb ist es wichtig, auch Raum für Stille, Musik, Schweigen, Lesungen einzuplanen – und nicht zuletzt: Auch in einer gut vorbereiteten Feier sollte es Platz geben für Spontanes, Ungeplantes, für das Wirken des heiligen Geistes.

- **Begrüssung des (lebenden oder bereits verstorbenen) Kindes**
  - Die Teilnehmenden können das Kind in die Arme nehmen, es betrachten, streicheln
  - Dem Kind offiziell seinen Namen zusprechen, es bei seinem Namen nennen
  - Das Kind gegebenenfalls in ein inoffizielles «Familienbuch» oder in eine Familienbibel eintragen
  - Den Namen des Kindes auf ein schönes Blatt schreiben, malen, gestalten
  - Das Kind innerlich, symbolisch «ins Licht stellen»
  - Eine Kerze zur Erinnerung an das Kind gestalten, bemalen
  - Erste Seite(n) in einem Erinnerungsbuch an das Kind gestalten (kann später weitergeführt werden)
  - Das Kind taufen oder segnen, eventuell mit Salböl oder (Weih-)Wasser
  - Das Kind mit Duftöl (Nardenöl) salben

- **Die Gefühle/den Trauerprozess der Eltern/Familie symbolisch ausdrücken**
  - Scherben, zerbrochenes Gefäss – zerbrochene Hoffnungen

- «Tränenritual» in Verbindung mit Ps 56,9: Wünsche, Hoffnungen, Trauer… werden auf Tränen geschrieben (aus Papier ausgeschnitten) und in eine Schale/Krug gelegt
- Farbsymbolik (hell – dunkel, weiss – schwarz, Licht – Finsternis) mit den vielen Gefühlen der Eltern in Verbindung bringen
- Symbolik leer – voll: mit leerem und gefülltem Gefäss/Krug (Wasser, Sand, Erde…) ausdrücken: ich fühle mich leer von Hoffnung und Freude, aber voller Schmerz und Trauer…
- «zarte», leichte Symbolgegenstände für das Leben des Kindes und die vielen Hoffnungen: kleine Blumen, Blütenblätter, Federn…
- Hoffnung auf Wachstum, Entwicklung symbolisch ausdrücken: Knospen, aufgehende Blüten, treibende Zweige: Das haben wir uns gewünscht, ersehnt – und jetzt?
- Lebenslicht und verlöschendes Lebenslicht erfahren: eine (kleine) Kerze anzünden, beim Brennen zuschauen, dabeibleiben, bis das Licht verlöscht
- Verschiedene Symbolgegenstände oder Symbolbilder/-fotos auslegen, Teilnehmende aussuchen lassen, was ihnen entspricht
- Stationen des Trauerweges im Raum benennen und mit geeigneten Symbolen gestalten: Ort der Begrüssung des Kindes, Ort des Willkommens, Ort des Schmerzes, Ort des Abschieds, Ort der Versöhnung… Teilnehmende zu Stille oder Musik an den Orten verweilen lassen, nach individuellem Bedürfnis
- Erste Seite(n) in einem «Trauer-Tagebuch» gestalten, schreiben, später fortsetzen
- Längerfristige Rituale: Ein Brief an das Kind, Wochenbriefe an das Kind, Gebete, Gestalten einer Ecke mit Kerze, Bildern und Gegenständen, Erinnerungsessen mit Gotte und Götti, Grosseltern…

- **Verabschiedung des toten Kindes**
- Noch einmal, wie bei der Begrüssung: Das Kind kann zum Abschied berührt oder in die Arme genommen werden
- Das Kind schön anziehen, in ein schönes Tuch einwickeln. Dem Kind etwas mitgeben: ein Armbändchen mit seinem Namen, ei-

nen guten Wunsch, auf einen Zettel geschrieben, eine kleine Blume…

– «Moseskörbchen» für das Kind gestalten (als Ersatz für Sarg oder als Sargeinlage)
– Das Kind in den Sarg legen
– Dem Kind etwas in den Sarg mitgeben: ein Stofftier, ein Bild, ein kleines Geschenk (gegebenenfalls Geschwister beteiligen)
– Sarg gestalten, bemalen
– Gemeinsam den Sarg schliessen
– Das Kind bzw. den Sarg mit dem Kind an einen anderen Ort bringen, oder in einen eigenen Aufbahrungsraum, in die Pathologie zur Aufbahrung, nach draussen zum Auto, zum Beerdigungsinstitut, zum Friedhof…

• **Symbolhandlungen/Rituale draussen in der Natur**
– mit Luft/Wind: Baumwollfäden, Klangspiele o. ä. in einen Baum hängen; Wind = Symbol für göttlichen Geist, Gegenwart Gottes
– an einem Fluss/Bach: der fliessende Strom reisst das Leben, die Hoffnung fort, aber er kann mit der Zeit auch die Trauer und den Schmerz mit sich nehmen und bringt ständig neues Leben heran
– mit Erde: Hoffnungen begraben, aber vielleicht auch ein Samenkorn pflanzen, auf das Wachstum des Neuen hoffen
– mit Feuer: zerstörerische Kraft – aber auch Verwandlung, Energie

• **Die Eltern/Familie für ihren Weg stärken**
– Licht im Dunkel ansprechen (z. B.: «Jetzt sehe ich nur Dunkles, aber ich hoffe darauf, dass sich darin auch wieder Licht zeigen wird»)
– Die Eltern innerlich, symbolisch «ins Licht stellen»
– Eine «Hoffnungskerze» für die Eltern/Familie gestalten, entzünden
– Stärkungs-/Unterstützungsritual, z. B.: Kreis bilden, Hand auf die Schulter oder in den Rücken der Eltern/Familie legen
– Segensworte sprechen, eventuell dabei Hand auflegen

2.4. Sprachbilder und Metaphern für verstorbene Kinder

Eine einfühlsame, sorgfältige, auch lyrisch-poetische Sprache kann dabei helfen, sich dem Unbegreiflichen anzunähern und der Trauer Ausdruck zu verleihen. Eine bilderreiche Sprache birgt aber auch ein gewisses Risiko: Wenn ausschliesslich metaphorisch und allzu «luftig» vom verstorbenen Kind gesprochen wird, hindert das die Eltern eventuell daran, ihr Kind als konkretes, reales Kind wahrzunehmen und sich von ihm zu verabschieden. Neben poetisch-lyrischen Ausdrucksformen sollte deshalb auch immer ganz konkret vom «Kind», «eurer Tochter/eurem Sohn» gesprochen werden. Ausserdem sind (Sprach-)Bilder auch Geschmackssache. Sie können emotional sehr unterschiedlich aufgenommen werden, von tröstend-hilfreich bis kitschig-abstossend.

Die folgenden Beispiele mögen dazu anregen, eine eigene, persönliche Sprache zu entwickeln:

- wie eine Sternschnuppe, die aus dem Geheimnisvollen, Unbekannten kommt und wieder ins Geheimnisvolle, Unbekannte verschwindet
- wie ein Schmetterling, der sich nur kurz auf einer Blüte niederlässt und dann weiterfliegt
- wie ein Engel, der uns nur sanft mit seinen Flügeln streift und dann wieder zum Himmel zurückkehrt
- Bild vom Anklopfen: Euer Kind hat nur kurz bei euch angeklopft, hereingeschaut/gegrüsst, hat kurz die Erde geküsst und ist weitergegangen
- Bild vom Samenkorn: Das Kind bleibt dasselbe und wird doch ganz neu (vgl. 1Kor 15, vgl. auch die Geschichte «Pele und das neue Leben» von Regine Schindler)

Darüber hinaus bieten manche Veröffentlichungen auch lyrische Texte zum Thema, ebenso das «Lied des Lebens. Requiem vom Werden und Sterben, Schwangerschaft und Tod» (siehe Anhang 1.). Auch in der klassischen Lyrik ist zwar nicht unbedingt Fehlgeburt, aber doch Kindstod gelegentlich ein Thema (z. B. Friedrich Rückert, Kindertotenlieder, vertont von Gustav Mahler).

In diesem Zusammenhang sei jedoch auch eine kritische Bemerkung gemacht: Uns ist aufgefallen, dass manche Eltern im Internet ganze Seiten in Erinnerung an ihr verstorbenes Kind gestalten. So berührend solche Seiten und die dort veröffentlichten Texte und Gedichte auch sind und so wichtig sie für die Trauerverarbeitung zunächst auch sein mögen, es wird (uns) doch manchmal auch unbehaglich, wenn verstorbene Kinder geradezu ein Eigenleben im «Internet-Himmel» führen. Die Pflege dieses «Weiterlebens» kann Trauer und Abschied verzögern und den Kontakt zur Welt, zum Beispiel zu den anderen, den lebenden Kindern, hemmen.

2.5. Bibelstellen für Seelsorge und Gottesdienste

Die Bibelstellen sind teils nach der «Einheitsübersetzung», teils nach den Entwürfen für die «Bibel in gerechter Sprache» (erscheint 2006) wiedergegeben. Die Gottesnamen wurden z. T. geändert (z. B. «Ewiger» anstelle von «Herr»). Die Reihenfolge richtet sich nach der Einheitsübersetzung.

• Die Trauer in Worte fassen

Darum will auch ich meinem Munde nicht wehren. Ich will reden in der Angst meines Herzens und will klagen in der Betrübnis meiner Seele. (Ijob 7,11)

Meine Seele ist tief verstört. Du aber, Ewiger, wie lange säumst du noch? Ich bin erschöpft vom Seufzen, jede Nacht benetzen Ströme von Tränen mein Bett, ich überschwemme mein Lager mit Tränen. Mein Auge ist getrübt vor Kummer. (Ps 6,4.7f)

Dem Wasser gleich bin ich hingeschüttet, alle meine Glieder lösen sich auf. Mein Herz ist wie Wachs geworden, zerschmolzen in meiner Brust.

Trocken wie eine Tonscherbe ist meine Kehle, die Zunge klebt mir am Gaumen, und du legst mich in Todes Staub. (aus Ps 22)

Kraftlos bin ich und ganz zerschlagen, ich schreie in der Qual meines Herzens. All mein Sehnen, Ewiger, liegt offen vor dir, mein Seufzen ist dir nicht verborgen. Mein Herz pocht heftig, mich hat die Kraft verlassen, geschwunden ist mir das Licht der Augen. (Ps 38,9–11)

Du weisst, wie oft ich umherirren musste. Sammle meine Tränen in deinem Krug. Ich bin sicher, dass du sie zählst. (Ps 56,9)

Ewiger, du Gott meines Heils, zu dir schreie ich am Tag und bei Nacht. Lass mein Gebet zu dir dringen, wende dein Ohr meinem Flehen zu! Denn meine Seele ist tief gebeugt, mein Leben ist dem Totenreich nahe. Mein Auge wird trüb vor Elend, jeden Tag, Ewiger, rufe ich zu dir, ich strecke nach dir meine Hände aus. (Ps 88,2–4.10)

Gott, höre mein Gebet und lass mein Schreien zu dir kommen! Verbirg dein Antlitz nicht vor mir in der Not, neige deine Ohren zu mir; wenn ich dich anrufe, so erhöre mich bald! (Ps 102,2–3)

Meine Seele klebt am Boden. Durch dein Wort belebe mich! Meine Seele zerfliesst vor Kummer. Richte mich auf durch dein Wort! Ewiger, ganz tief bin ich gebeugt. Durch dein Wort belebe mich! (Ps 119, 25.28.107)

Aus der Tiefe rufe ich, Ewiger, zu dir: Herr, höre meine Stimme! Wende dein Ohr mir zu, achte auf mein lautes Flehen! (Ps 130,1f)

«Eine Stimme ist in Rama zu hören, Klage, bitteres Weinen. Rahel beweint ihre Kinder. Sie will sich nicht trösten lassen über ihre Kinder, die nicht mehr da sind.» (Zitat aus Jer 31,15 in Mt 2,18)

• **Zuspruch und Trost erfahren**

Gott ist nahe denen, die zerbrochenen Herzens sind, und hilft denen, die ein zerschlagenes Gemüt haben. (Ps 34,19)

Die Seelen der Gerechten sind in Gottes Hand, und keine Qual kann sie berühren. In den Augen der Toren sind sie gestorben, ihr Heimgang gilt als Unglück, ihr Scheiden von uns als Vernichtung; sie aber sind in Frieden. (Weish 3,1–3)

Fürchte dich nicht, denn ich habe dich erlöst; ich habe dich bei deinem Namen gerufen; du bist mein! (Jes 43,1b)

Stillung des Seesturms (Lk 8,22–25)

Wahrlich, ich sage dir: Heute wirst du mit mir im Paradies sein. (Lk 23,43b)

Ich bin gewiss, dass weder Tod noch Leben, weder Engel noch Mächte noch Gewalten, weder Gegenwärtiges noch Zukünftiges, weder Hohes noch Tiefes noch eine andere Kreatur uns scheiden kann von der Liebe Gottes, die in Christus Jesus ist. (Röm 8,38–39)

Die Liebe vergeht niemals. (1Kor 13,8)

Gottes Kraft ist in den Schwachen mächtig (2Kor 12)

Gott wird abwischen alle Tränen von ihren Augen, und der Tod wird nicht mehr sein, noch Leid, noch Geschrei, noch Schmerz wird mehr sein; denn das Erste ist vergangen. (Offb 21,4)

• Hoffnung schenken/Neue Perspektiven eröffnen

Wenn ihr dem Ewigen, eurem Gott, dient, wird er dein Brot und dein Wasser segnen. Ich werde Krankheiten von dir fernhalten. In deinem Land wird es keine Frau geben, die eine Fehlgeburt hat oder kinderlos bleibt. (Ex 23,25f)

Elischa reinigt das Wasser von Jericho, damit es dort keine Fehlgeburten mehr gibt (2Kön 2,19–21).

Behüte mich wie einen Augapfel im Auge, beschirme mich unter dem Schatten deiner Flügel. (Ps 17,8)

Warum bin ich denn so verstört? Muss ich denn verzweifeln? Auf Gott will ich hoffen. Ich weiss: Ich werde ihn noch einmal preisen, meinen Gott, der mir hilft. (Ps 42,12)

Bei Gott allein kommt meine Seele zur Ruhe, denn von ihm kommt meine Hoffnung. Nur er ist mein Fels, meine Hilfe, meine Burg, darum werde ich nicht wanken. Bei Gott ist mein Heil, meine Ehre; Gott ist mein schützender Fels, meine Zuflucht. Vertrau ihm, Volk (Gottes), zu jeder Zeit! Schüttet euer Herz vor ihm aus! Denn Gott ist unsere Zuflucht. (Ps 62,6–9)

Du liessest mich viel Angst und Not erfahren. Belebe mich neu, führe mich herauf aus den Tiefen der Erde! (Ps 71,20)

Unsere Tage zu zählen, lehre uns! Dann gewinnen wir ein weises Herz. Erfreue uns so viele Tage, wie du uns gebeugt hast, so viele Jahre, wie wir Unglück erlitten. (Ps 90,12.15)

Unter Gottes Flügeln findest du Zuflucht. (Ps 91,4c)

Das ist mein Trost im Elend: Deine Verheissung spendet mir Leben. (Ps 119,50)

Wende doch, Ewiger, unser Geschick, wie du versiegte Bäche wieder füllst im Südland. Die mit Tränen säen, werden mit Jubel ernten. Sie gehen hin unter Tränen und tragen den Samen zur Aussaat. Sie kommen wieder mit Jubel und bringen ihre Garben ein. (Ps 126,4–6)

Du hast mein Inneres geschaffen, mich gewoben im Schoss meiner Mutter. Ich danke dir, dass du mich so wunderbar gestaltet hast. Ich weiss: Staunenswert sind deine Werke. Als ich geformt wurde im Dunkeln, kunstvoll gewirkt in den Tiefen der Erde, waren meine Glieder dir nicht verborgen. Deine Augen sahen, wie ich entstand, in deinem Buch war schon alles verzeichnet; meine Tage waren schon gebildet, als noch keiner von ihnen da war. Wie schwierig sind für mich, Gott, deine Gedanken, wie gewaltig ist ihre Zahl! (Ps 139,13–17)

Die auf Gott vertrauen, bekommen immer wieder neue Kraft, dass sie auffahren mit Flügeln wie Adler. (Jes 40,31)

Ich habe euch getragen vom Mutterleibe an, und ich will euch auch künftig tragen, von der Geburt bis ins hohe Alter. Ich bleibe für euch da. Ich habe es getan, und ich werde es weiterhin tun; ich werde euch tragen und schleppen und retten. (Jes 46,43b–4)

Ich will über Jerusalem jubeln und mich freuen über mein Volk. Nie mehr hört man dort lautes Weinen und lautes Klagen. Dort gibt es keinen Säugling mehr, der nur wenige Tage lebt, und keinen Greis, der nicht das volle Alter erreicht… (Jes 65,19f)

Ich weiss wohl, was ich für Gedanken über euch habe, spricht Gott: Gedanken des Friedens und nicht des Leides, dass ich euch gebe Zukunft und Hoffnung. (Jer 29,11)

Gott ist gütig und eine Zuflucht zur Zeit der Not und kennt die, die auf Gott hoffen. (Nah 1,7)

Seligpreisungen (Mt 5,3–12//Lk 6,20–26)

Alle eure Sorgen werft auf Gott; denn Gott sorgt für euch. (1Petr 5,7)

• Mit Gott ringen/Gottesfrage

Jakob am Jabbok (Ex 32,22–32)

Ich sehe den Himmel, den du gemacht hast, den Mond und die Sterne auf ihrer Bahn. Was sind da die Menschen, dass du ihrer gedenkst, und die Menschenkinder, dass du dich ihrer annimmst? Du hast ihnen Macht und Würde verliehen, es fehlte nicht viel, und sie wären wie du. (Ps 8,4–6)

Wie lange noch, Ewiger, vergisst du mich ganz? Wie lange noch verbirgst du dein Gesicht vor mir? Wie lange noch muss ich Schmerzen ertragen in meiner Seele, in meinem Herzen Kummer Tag für Tag? Blick doch her, erhöre mich, Ewiger, mein Gott, erleuchte meine Augen, damit ich nicht entschlafe und sterbe. (Ps 13,2–4)

Mein Gott, mein Gott, warum hast du mich verlassen, bist fern meinem Schreien, den Worten meiner Klage? Mein Gott, ich rufe bei Tag, doch du gibst keine Antwort; ich rufe bei Nacht und finde doch keine Ruhe. (Ps 22,2f)

Zu dir rufe ich, Ewiger, mein Fels. Wende dich nicht schweigend ab von mir! Denn wolltest du schweigen, würde ich denen gleich, die längst begraben sind. Höre mein lautes Flehen, wenn ich zu dir schreie! (Ps 28,1–2)

Gott, deine Güte reicht, so weit der Himmel ist und deine Wahrheit, so weit die Wolken gehen. (Ps 36,6)

Warum verbirgst du dein Antlitz, vergissest unser Elend und unsere Drangsal? Denn unsere Seele ist gebeugt zum Staube, unser Leib liegt am Boden. Mache dich auf, hilf uns und erlöse uns um deiner Güte willen! (Ps 44,25–27)

Auf dich habe ich mich verlassen vom Mutterleib an; du hast mich aus meiner Mutter Leib gezogen. (Ps 71,6)

Wende dein Ohr mir zu, erhöre mich, Ewiger! Denn ich bin arm und gebeugt. Beschütze mich, denn ich bin dir ergeben! Hilf deinem Knecht/deiner Magd, die dir vertraut! Du bist mein Gott. Sei mir gnädig, o Ewiger! Den ganzen Tag rufe ich zu dir. Ewiger, erfreue deinen Knecht/deine Magd, denn ich erhebe meine Seele zu dir. (Ps 86,1–4)

Du lässt den Menschen zurückkehren zum Staub und sprichst: «Kehrt wieder, ihr Menschen!» Denn tausend Jahre sind für dich wie der Tag, der gestern vergangen ist, wie eine Wache in der Nacht. Von Jahr zu Jahr säst du die Menschen aus, sie gleichen dem sprossenden Gras. Am Morgen grünt es und blüht, am Abend wird es geschnitten und welkt. (Ps 90,3–6)

Gott sagt: Bringt eine Mutter es fertig, ihren Säugling zu vergessen? Hat sie nicht Mitleid mit dem Kind, das sie geboren hat? Und selbst wenn sie es vergessen könnte, ich vergesse euch nicht. (Jes 49,15)

Meine Gedanken sind nicht eure Gedanken, und eure Wege sind nicht meine Wege, spricht Gott, sondern so viel der Himmel höher ist als die Erde, so sind auch meine Wege höher als eure Wege und meine Gedanken als eure Gedanken. (Jes 55,8–9)

Siehe, ich habe vor dir eine Tür aufgetan, und niemand kann sie zuschliessen; denn du hast eine kleine Kraft und hast meine Worte bewahrt und hast meinen Namen nicht verleugnet. (Offb 3,8b)

2.6. Kirchenlieder

Bei Feiern im kleinen Kreis ist das Singen, vor allem unbekannter Lieder, schwierig. Auch bei grösseren Gedenkfeiern ist die Mitwirkung eines Chores hilfreich. Es muss auch damit gerechnet werden, dass die Teilnehmenden emotional zu stark berührt sind, um singen zu können. Die Liedtexte können dann auch miteinander gelesen werden. Die Abkürzungen und Liednummern beziehen sich auf das «Gesangbuch der Evangelisch-reformierten Kirchen der deutschsprachigen Schweiz» (RG) sowie auf das «Katholische Gesang- und Gebetbuch der deutschsprachigen Schweiz» (KG).

Ach wie flüchtig, ach wie nichtig (RG 751/KG 729)
Dans nos obscurités (RG 705/KG 188)
Du kannst nicht tiefer fallen (RG 698/KG 559)
Ein kleines Kind, du grosser Gott (KG 9)
Gib uns Weisheit, gib uns Mut (RG 835/KG 229)
Gott hat das erste Wort (RG 260/KG 1)
Gott, mein Gott, warum hast du mich verlassen (RG 13/KG 187)
Herr, bleibe bei uns (RG 604/KG 683)
Herr der Stunden, Herr der Tage (RG 553)
Ich möcht, dass einer mit mir geht (KG 208)
Ich schaue auf zu den Bergen (RG 78)
Ich steh vor dir mit leeren Händen, Herr (RG 213/KG 544)
Ich will dir danken, weil du meinen Namen kennst (RG 183/KG 530)
Manchmal kennen wir Gottes Willen (RG 832/KG 184)
Nada te turbe (RG 706)
Nun schreib ins Buch des Lebens (RG 178/KG 7)
Sei unser Gott, der alle Welt (KG 182)
Seligpreisungen (RG 585/KG 214)
Ubi caritas et amor (RG 813/KG 418)
Weisst du, wie viel Sternlein stehen (RG 531)
Wer leben will wie Gott auf dieser Erde (KG 202)
Wir sind nur Gast auf Erden (KG 727)
Weder Tod noch Leben trennen uns (RG 761/KG 730)

2.7. Lieder aus der Pop- und Rockmusik

Die meisten der folgenden Liedtexte sind im Internet unter
http://www.veid.de/liedertexte.0.html abrufbar.

- Bridge over Troubled Water (Paul Simon/Art Garfunkel)
- Gone too soon (Michael Jackson)
- I know you by heart (Eva Cassidy)
- Ich han en Träne i mine Auge (Florian Ast)
- Nur zu Besuch (Die toten Hosen)
- Since I Lost You (Phil Collins)
- Schutzängel (Plüsch, auf der CD Sidefiin)
- Sometimes (Marsha Updike)
- Tears in Heaven (Eric Clapton)
- Somewhere over the rainbow (Eva Cassidy)

> Damit die Symbole, Rituale, Feiern für alle stimmig werden, ist es
> wichtig, sie mit den Eltern zusammen zu erarbeiten.
> Die verschiedenen, oft widersprüchlichen Gefühle finden so ihren je
> eigenen Platz: Begrüssung und Abschied, Hoffnung und Schmerz,
> Sehnsucht und Trauer.
> Nicht zu vergessen ist, dass die Eltern auch Familienangehörige und
> FreundInnen zur Feier mit einladen.

3. Längerfristige Begleitung

Die Trauer um ein früh verstorbenes Kind braucht Zeit. Da die Gefühle so diffus und oft tief in der Seele verborgen sind, kann es Monate oder Jahre dauern, bis der Trauerprozess wirklich durchlebt ist. Er ist auch deshalb im Vergleich mit dem Tod älterer Menschen sehr erschwert, weil nur wenige Menschen die Erinnerung an das verstorbene Kind teilen.

Oft hat der frühe Tod eines Kindes erhebliche Auswirkungen auf die seelische Gesundheit und das Zusammenleben der betroffenen Familie. Wird die Trauer nicht durchlebt, drohen psychische Störungen aller Beteiligten, vielleicht auch später geborener Kinder. In der familientherapeutischen Arbeit, wie z. B. beim «Familienstellen», nehmen früh verstorbene Kinder wie auch andere Verstorbene deshalb ihren eigenen – für die Familiendynamik oftmals besonders wichtigen – Platz ein.

Ziel des Trauerprozesses ist es demnach, einem früh verstorbenen Kind seinen eigenen, unverwechselbaren Platz in der Familie zuzugestehen und es so dauerhaft in die Familie zu integrieren. Der Kindstod darf dabei natürlich nicht verdrängt werden. Andererseits ist es auch wichtig, dass Eltern und Geschwister mit der Zeit zu einem «normalen» Umgang mit dem früh verstorbenen Kind finden. Das früh verstorbene Kind sollte seinen – aussergewöhnlichen – Platz in der Familie einnehmen können, aber auch keine Sonderrolle zugesprochen bekommen. Ein früh verstorbenes Kind ist ein ganz normales Familienmitglied – wie andere verstorbene Familienmitglieder auch.

Früher Kindstod stellt nicht nur das Familiensystem, sondern auch die Partnerschaft vor besondere Herausforderungen. Bei vielen betroffenen Paaren kommt es deshalb – u. a. aufgrund der oft unterschiedlichen Trauerverarbeitung von Frauen und Männern – relativ kurze Zeit nach dem Kindstod zu einer Trennung. Ein sorgfältiger Umgang mit Fehlgeburt und Kindstod trägt also auch zur Stabilisierung von Partnerschaften und Familien bei.

Eine weitere Schwierigkeit ist, dass Eltern, die bereits eine Fehlgeburt oder einen perinatalen Kindstod durchlebt haben, bei einer möglichen späteren Schwangerschaft oft massive Ängste um das werdende Kind empfinden. Hier liegt ein eigenes, weites Feld für seelsorgliche (und eventuell auch liturgisch-rituelle) Begleitung.

Die seelsorgliche Begleitung sollte deshalb auch nach der Akutsituation gewährleistet sein. Da die Erstbegleitung häufig von spezialisierten SpitalseelsorgerInnen geleistet wird, viele Eltern aber höchstens einen flüchtigen Kontakt zu PfarrerIn bzw. GemeindeseelsorgerIn haben und/oder diese nicht über die Situation informiert sind, kommt dem Übergang von der akuten zur längerfristigen Begleitung besondere Bedeutung zu.

Hilfreich ist es, wenn die/der beteiligte SpitalseelsorgerIn – mit dem Einverständnis der betroffenen Eltern – den/die GemeindeseelsorgerIn/PfarrerIn über die Fehlgeburt und die erfolgte Begleitung informiert. In Einzelfällen kann es sinnvoll sein, dass dieselbe Person, die die Erstbetreuung wahrgenommen hat, auch die längerfristige Begleitung übernimmt, in der Regel ist dies aber wohl nicht nötig (und den SpitalseelsorgerInnen auch fast nicht möglich). Ist eine Fortführung der Begleitung durch die/den GemeindeseelsorgerIn/PfarrerIn vorgesehen, kann diese(r) eventuell bereits in die Gestaltung der Begrüssungs-/Abschiedsfeier für das verstorbene Kind einbezogen werden.

Es ist daher wichtig, in einem der Seelsorgegespräche während der akuten Begleitung (nicht im Erstgespräch selbst) folgende Fragen zu klären:

- Wünschen die Eltern/Familienangehörigen weitere seelsorgliche Begleitung?
- Sind die Eltern einverstanden, kann die/der PfarrerIn/GemeindeseelsorgerIn informiert werden.
- Wer nimmt wann zum nächsten Mal Kontakt mit der Familie auf?
- Wollen die Eltern zur jährlichen Totengedenkfeier in der Gemeinde oder zu besonderen Gedenkgottesdiensten in der Region eingeladen werden?
- *Kann ich (als SpitalseelsorgerIn, als GemeindeseelsorgerIn) diese Begleitung ehrlich und realistisch anbieten (zeitlich, emotional und auch von meiner Ausbildung und meinen Kompetenzen her)?*
- *Wer könnte es gegebenenfalls sonst tun?*

Die längerfristige Begleitung betroffener Eltern/Familien ist besonders wichtig. Denn Eltern, Geschwister, Grosseltern... haben oft nur wenige Menschen, mit denen sie die Erinnerung an ihr verstorbenes Kind, Geschwister, Enkelkind teilen können.

Eine umfassende Information über Ansprechorganisationen und Ansprechpersonen hilft allen Betroffenen: Fachstelle Fehlgeburt und perinataler Kindstod, zuständige PfarrerInnen/GemeindeseelsorgerInnen, Selbsthilfegruppen...

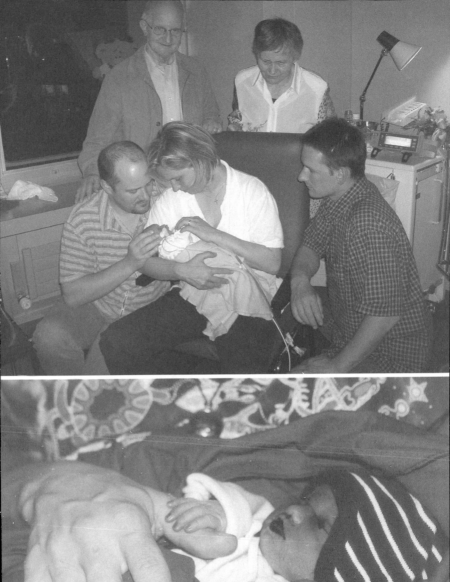
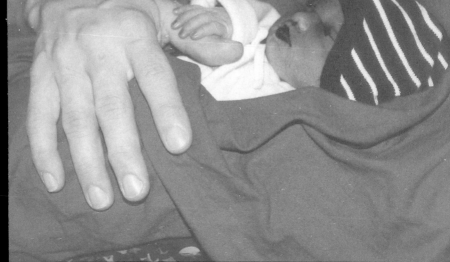

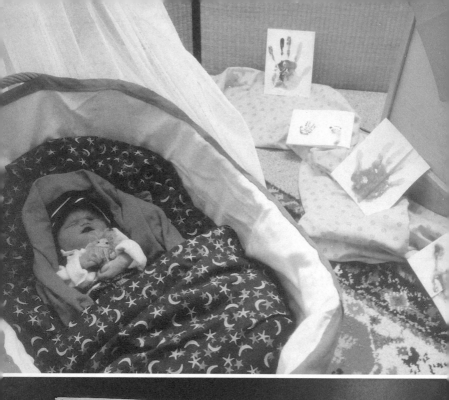

Marc

Am 25. Mai 2005 bisch du uf d'Wält cho. Mir si ab der Prognose erchlüpft und es het äs Angscht und Weh ta. Mir hei Di Zyt mit Dir gnossä, hei üsi Wünsch chönä erläbä. Hüt am Abä 16. Juni 2005 bisch du gangä. Mir dänkä a Di und vermissä Di sehr.

Papi Mami

Ich freue mich dass du im Frieden heim gehen dorfsch! Grossmueter Ruth Grossvater Fritz

IV. Früher Kindstod
   in der (Gemeinde-) Öffentlichkeit ...
   und wir

1. Öffentlichkeitsarbeit in der Kirchgemeinde bzw. Pfarrei

Früher Kindstod betrifft so viele Eltern und Familien, dass die Erinnerung an früh verstorbene Kinder nicht nur in individuellen Feiern zum Ausdruck kommen, sondern zum selbstverständlichen Bestandteil der ganzen Gemeindearbeit werden sollte. So kann auch der – immer noch partiell vorhandenen – Tabuisierung des Themas entgegengewirkt werden. Dies ist bei zahlreichen Gelegenheiten und in ganz verschiedenen Formen möglich:

– bei den jährlichen Totengedenkfeiern: eine Kerze für alle früh verstorbenen Kinder anzünden, Teilnehmende zum Anzünden von Kerzen für ihnen bekannte früh verstorbene Kinder einladen
– bei besonderen Gedenkfeiern für früh verstorbene Kinder (städtisch/regional, in Zusammenarbeit mit Spital- und GemeindeseelsorgerInnen/PfarrerInnen sowie Selbsthilfegruppen)
– in Fürbitten und Gebeten bei «normalen» Gemeindegottesdiensten, z. B.: «Wir erinnern uns an alle Kinder, die zu klein oder zu schwach zum Leben waren. Begleite du, Gott, ihre Eltern und Geschwister...»
– bei der Taufe: im Vorgespräch fragen, ob in der Familie oder im Umfeld (andere TeilnehmerInnen am Taufgottesdienst!) Kinder früh verstorben sind und dies gegebenenfalls im Gottesdienst auch ansprechen, Fürbitten formulieren usw.
– in Predigt, Katechese usw.: von der Schwangerschaft nicht nur als einer Zeit der Hoffnung und des Glücks sprechen, sondern auch die Sorge um das Kind, die Möglichkeit eines frühen Kindstodes anklingen lassen – eine Schwangerschaft verläuft eben nicht selbstverständlich immer gut!

– im Spital (Geburtsstation, Neonatologie, Spitalkapelle) ein Erinnerungsbuch auflegen – das ist nicht nur für die betroffenen Eltern, sondern auch für das Personal ein guter Ort der Verarbeitung und vermittelt auch das Gefühl, mit den schweren Erfahrungen nicht allein zu sein.

Grundsätzlich sollten SeelsorgerInnen davon ausgehen, dass in jedem Gottesdienst, bei jeder Tauffeier, an jedem Elternabend usw. auch Mütter, Väter, Geschwister, Grosseltern, Göttis, Gotten… früh verstorbener Kinder anwesend sind – und zwar viel zahlreicher als man vermutet. Das Zur-Sprache-Bringen und ein einfühlsamer Umgang mit der Thematik sind auch «Nachsorge» für betroffene Familien.

Wenn Sie, z. B. als GemeindepfarrerIn, regelmässig in der Seelsorge in einem Spital mit Geburtsabteilung tätig sind, empfiehlt sich darüber hinaus auch eine längerfristige, koordinierte Aufbauarbeit zur Erstellung eines Spitalkonzeptes für die Begleitung und Seelsorge bei perinatalem Kindstod. Die Fachstelle Fehlgeburt und perinataler Kindstod berät und unterstützt Sie dabei gerne: www.fpk.ch.

Es ist selbstverständlich, dass SeelsorgerInnen Fehlgeburt und perinatalen Kindstod feinfühlig thematisieren (in Fürbitten, Gottesdiensten, Seelsorgegesprächen, Unterricht, Taufe…)
Sie rechnen bei der Gemeindearbeit immer damit, dass sie betroffenen Eltern, Kindern und Familien begegnen können.

2. ... damit Seelsorgende nicht zu hilflosen Helfenden werden

Wenn Seelsorgende von einer Fehlgeburt oder dem frühen Tod eines Kindes hören, werden sie aus ihrem Alltag mit seinen «normalen» Pflichten herausgeholt. Mehr noch als bei «normalen» Todesfällen, für die es eingespielte Umgangsformen, Gepflogenheiten, Beileidsbekundungen... gibt, ist im Kontakt mit den betroffenen Eltern viel Empathie gefragt. Zugleich sind die anderen Alltagsarbeiten zu erledigen. Hier ist eine gute Balance wichtig: Zeiten, in denen ich mich innerlich und auch fachlich auf das Thema und die betroffene Familie einlasse, aber auch Zeiten, in denen der übrige Alltag seinen Platz behält – und in besonderem Masse auch Zeiten des Rückzugs, der Stille, des Gebets.

Auch als «Profi» werde ich beim frühen Tod eines Kindes vermutlich an meine persönlichen Grenzen stossen – emotional, theologisch, in meiner fachlichen und seelsorglichen Kompetenz. Diese Grenzen muss ich wahrnehmen und annehmen sowie realistisch einschätzen, wo und bei wem ich mir gegebenenfalls Hilfe holen kann.

Hinzu kommt, dass in dieser besonderen Situation meine eigene Familiengeschichte spürbar werden kann, z. B. eigene Erfahrungen mit frühem Kindstod als Mutter, Vater, Schwester oder Bruder, aber vielleicht auch mein eigener Kinderwunsch mit möglicherweise ungelösten Fragen... Gehe ich zu schnell über meine persönliche Betroffenheit hinweg, werden das auch die Eltern merken, die ich eigentlich begleiten möchte – dann bin ich vielleicht zu distanziert oder zu aufdringlich. Deshalb muss ich mich selber wahrnehmen und fühlen. Eventuell muss ich zeitliche Einschränkungen machen, mich abgrenzen, andere um Rat und Gebet fragen oder selber Trost suchen.

Schon bevor ich zur betroffenen Familie gehe, bereite ich mich innerlich vor. Das kann in Kürze geschehen, durch bewusstes Atmen, Gebete, einen Blick in Blumen oder Wolken. Ich kann etwas mir Vertrautes mitnehmen, eine Bibel, eine Geschichte, einen Stein, ein Tuch, einen Duft (gegen den Spitalgeruch).

Mutig und vertrauensvoll sage ich mir: Ich gehe nicht allein, ich habe einen seelischen «Rucksack» dabei. Das stärkt mich und ermöglicht es mir, ehrlich zu sein und den Eltern offen zu begegnen.

Mein Engagement als SeelsorgerIn kann dadurch an Qualität gewinnen, dass es zeitlich begrenzt ist. Ich mute weder meinen Gesprächspartnern noch mir selbst einen Marathon zu! Ich muss nicht durchhalten um jeden Preis! Bei körperlicher oder auch innerer Müdigkeit ist es besser, sich zu verabschieden und ein Wiederkommen zu vereinbaren. Wie ich für mich sorge und neue Kraft tanke, nach dieser intensiven Nähe zu Geburt und Tod, den beiden grossen Grenzen des Lebens, ist sehr individuell, aber notwendig für alle.

Vielleicht muss ich mich vertiefend und geschützt mit allem beschäftigen können und meine persönlichen und fachlichen Kompetenzen in diesem Bereich erweitern. Pfarrweiterbildungen, CPT oder eine persönliche Supervision können mich dabei unterstützen.

> Seelsorglich begleiten kann ich nur, wenn ich – bei aller inneren Aufgewühltheit – in mir selber zuhause bin, meine Bedürfnisse, Kompetenzen und Grenzen wahrnehme.

Anhang

1. Kommentiertes Literaturverzeichnis, Internetseiten

Dieses Verzeichnis erhebt keinen Anspruch auf Vollständigkeit, sondern will auf ausgewählte Veröffentlichungen für SeelsorgerInnen hinweisen (Stand: Sommer 2005). Daneben gibt es eine ständig wachsende Zahl von Veröffentlichungen, die speziell für betroffene Eltern geschrieben und hier kaum berücksichtigt wurden.

Bäuerle, Sabine/Ende, Natalie (Hg.), **Ich steh vor dir mit leeren Händen, Gott.** Hilfen, Liturgien und Rituale zur Begleitung beim Tod eines Kindes im Mutterleib oder kurz nach der Geburt. Zentrum Verkündigung der Evangelischen Kirche Hessen-Nassau, Materialhefte, Heft 101, als Manuskript gedruckt, 256 S., Frankfurt/ Main 2004
In der Schweiz erhältlich bei: Buchhandlung Paul Voirol, Rathausgasse 74, 3000 Bern, Tel.: 031/311 20 88, Fax: 031/311 62 31, E-mail: info@voirol-buch.ch
E-mail und Internetseite der Herausgeber: beratungsstelle.fuer.gestaltung@ekhn.de; www.zentrum-verkuendigung.de
Sehr gute, ausführliche Arbeitshilfe für SeelsorgerInnen mit (auf die Situation in Deutschland abgestimmten) Grundlageninformationen, vielen Texten, Liedern und einigen Bildern. Zahlreiche Bestattungs- und Gedenkgottesdienste mit allen Texten und Ansprachen. Der gesamte Text der Arbeitshilfe wird im.pdf Format auf CD-ROM mitgeliefert.

Bernhard, Marlies/Kellner, Doris/Schmid, Ursula, **Wenn Eltern um ihr Baby trauern.** Impulse für die Seelsorge – Modelle für Gottesdienste. Herder Verlag, Freiburg 2003, ISBN 3-451-28210-0
Die Autorinnen, Spitalseelsorgerinnen im Raum Augsburg/D, plädieren für eine möglichst hohe Kontinuität in der Begleitung trauernder Eltern, d. h. für eine gemeinsame Linie aller Beteiligten im Spitalumfeld und gegebenenfalls auch für eine frühzeitige

Einbeziehung der GemeindeseelsorgerInnen. Ihr Buch enthält zahlreiche Abläufe und Texte von Segnungs- und Beisetzungsfeiern, (Not-)Taufen, jährlichen Gedenkgottesdiensten usw. sowie weitere Anregungen (Gestaltung von Abschieds- und Aufbahrungsräumen, Kindergrabstätten usw.) aus ihrer langjährigen Praxis.

Beutel, Manfred E., **Der frühe Verlust eines Kindes.** Bewältigung und Hilfe bei Fehl-, Totgeburt und Plötzlichem Kindstod. 2., überarbeitete und erweiterte Auflage, Hogrefe Verlag, Göttingen 2002, ISBN 3-8017-1472-1

Das Grundlagenwerk schlechthin zur wissenschaftlichen (und trotzdem gut lesbaren) Auseinandersetzung mit dem Thema. Der Autor ist Professor für psychosomatische Medizin und Psychotherapie in Giessen/D und verarbeitet zahlreiche einschlägige Studien. Die je spezifischen Trauer- und Verarbeitungssituationen werden für die verschiedenen Formen von frühem Kindstod gesondert beschrieben (Fehlgeburt, Totgeburt, plötzlicher Kindstod, Schwangerschaftsabbruch, aber auch ungewollte Kinderlosigkeit) und in die konkrete Lebenssituation der Eltern eingebettet (Kultur, Religion, Stellenwert des Kinderwunsches usw.). Keine Modelle für Gottesdienste, Rituale usw.

Bürgi, Barbara, **Wir haben unser Kind verloren...** Ratgeber für die ersten Stunden für Eltern, die ein Neugeborenes verloren haben. 20 S., hg. und erhältlich bei Verein Regenbogen Schweiz: www.verein-regenbogen.ch

Broschüre mit Erstinformationen für betroffene Eltern, gut zur Abgabe unmittelbar nach der Geburt geeignet. Das Heft macht Mut, den eigenen Trauerweg zu suchen und zu gehen und vermittelt erste Sachinformationen (Bestattung, Mutterschaftsurlaub usw.).

Dethloff-Schimmer, Fanny (Hg.), **Seelsorgerliche und homiletische Hilfen beim Tod eines Kindes.** Gütersloher Verlagshaus, Gütersloh 1996, ISBN 3-579-02925-8

Praxisbuch zur Seelsorge und Beerdigung von Kindern und Jugendlichen. Eine Einleitung sensibilisiert für die spezifischen Fragen bei verschiedenen Todessituationen (Fehl- und Totgeburt, plötzlicher und unerwarteter Tod, absehbarer Tod) sowie zur Rolle von SeelsorgerInnen in der Trauerbegleitung, bei der Bestattung und der Nachbetreuung. Den Hauptteil des Buches bilden Bestattungsliturgien bzw. -ansprachen aus der Praxis deutscher (evangelischer) PastorInnen. 5 der insgesamt 22 Liturgien beziehen sich auf Situationen von Fehlgeburt und perinatalem Kindstod.

Ein Engel an der leeren Wiege. Handreichung der Evangelisch-Lutherischen Kirche in Bayern zur seelsorgerlichen Begleitung bei Fehlgeburt, Totgeburt und plötzlichem Säuglingstod, München
Sehr gute Arbeitshilfe u. a. mit Hinweisen auf den Umgang mit dem Thema in der Kirchengeschichte und in der lutherisch geprägten Theologie sowie einer sensiblen Diskussion rund um die Taufe totgeborener Kinder. Die Handreichung enthält je ein konkretes Beispiel für Feiern zur Nottaufe, Namensgebungsritual und Segnung/Salbung und kann vollständig von der Internetseite der Evangelisch-Lutherischen Kirche in Bayern heruntergeladen werden (http://www.bayern-evangelisch.de/web/download/handreichung-fehlgeburt.pdf).

Fritsch, Julie/Sherokee, Ilse, **Unendlich ist der Schmerz...** Eltern trauern um ihr Kind. Mit einem Vorwort von Hannah Lothrop. 2. Auflage, Kösel Verlag, München 2001, ISBN 3-466-34336-4
Ein Bildband mit Fotos von Tonskulpturen, die J. Fritsch nach dem Tod ihres Sohnes bei der Geburt gestaltet hat. Die Bilder und die begleitenden Texte von I. Sherokee können Betroffenen helfen, ihren Gefühlen auf die Spur zu kommen; sie eignen sich aber auch für die Gestaltung von Gottesdiensten, Trauerkarten usw.

Evangelisch-reformierte Kirche des Kantons St. Gallen, Kirchenrat (Hg.), **Gottesdienste feiern mit Personen in besonderen Lebenssituationen.** Handreichung.

Bestelladresse: Ev.-ref. Kirche des Kantons St. Gallen, Oberer Graben 31, 9000 St. Gallen, Tel. 071 227 05 00, Fax 071 227 05 09, E-mail: st.gallen@ref.ch

Das Heft enthält u. a. einen Beerdigungsgottesdienst für ein tot geborenes Mädchen mit Tränenritual.

Hemmerich, Fritz Helmut, **In den Tod geboren.** Ein Weg für Eltern und Helfer bei Fehlgeburt, Abbruch, Totgeburt. Hygias-Verlag, Westheim 2000, ISBN 3-9806555-0-4

Der Autor ist Chefarzt der Frauenklinik an der (anthroposophischen) Asklepios-Klinik in Germersheim. Er will erklärtermassen keine nüchtern-sachlichen Informationen liefern, sondern innere Prozesse bei den LeserInnen auslösen. Er lädt dazu ein, den Trauerprozess als intensiven Weg der Bewusstwerdung innerer Prozesse und Selbstheilungskräfte zu durchleben. Wer sich von der stark anthroposophisch geprägten Grundhaltung, Gedankenwelt und Sprache nicht abschrecken lässt, findet – gerade auch als SeelsorgerIn – in dem Buch viele tiefgehende Beobachtungen und Anregungen für die persönliche Auseinandersetzung und die Begleitung betroffener Eltern.

Holzschuh, Wolfgang, **Die Trauer der Eltern bei Verlust eines Kindes.** Eine praktisch-theologische Untersuchung. Echter Verlag, Würzburg 1998, ISBN 3-429-02077-8

Im Zentrum der Arbeit steht eine empirische Befragung der Mitglieder von Selbsthilfegruppen in Deutschland, die schriftlich zu ihren Erfahrungen und Wünschen bzgl. seelsorglicher Begleitung durch ihre kirchliche Gemeinde befragt wurden. Die Rücklaufquote war mit ca. 60% bemerkenswert hoch. 45 der 246 Antworten stammen von Eltern, die eines oder mehrere Kinder durch Fehlgeburt/perinatalen Kindstod verloren haben. Die Arbeit wird durch psychologische Untersuchungen zur Trauerverarbeitung und theologische Reflexionen zur Gemeindepastoral ergänzt. (Kath.-)Theologische Dissertation, etwas schwerfällig zu lesen und von einer eher binnenkirchlichen Perspektive geprägt, aber mit spannenden Ergebnissen in der empirischen Untersuchung.

Leonhartsberger, Martha, «**Und wenn du dich getröstet hast...**». Bausteine für Begräbnis-/Abschieds-/Gedenkfeiern für Kinder, die während der Schwangerschaft, bei der Geburt oder kurz nach der Geburt sterben. Hg. vom Pastoralamt Linz/Liturgiereferat, 5. Aufl., Linz 2002, E-mail: behelfsdienst@dioezese-linz.at, Tel. +43/(0)732/7610-3813
Hilfreiche, praxisnahe Arbeitshilfe aus Österreich mit Texten und Gebeten, die auch in Feiern und Gottesdiensten verwendet werden können.

Lied des Lebens. Requiem vom Werden und Sterben, Schwangerschaft und Tod. Text Detlef Hecking, Musik Sabina Schmuki. CD-Aufnahme der Uraufführungen am 7./8. Juni 2001 in Bern durch den Chor im Breitsch, Leitung Peter Honegger.
Mit Musik und Wort wird in Form eines modernen Requiems ein Lebens- und Trauerweg zu Fehlgeburt und perinatalem Kindstod nachgezeichnet. Der Text des Requiems ist bei der Fachstelle Fehlgeburt und perinataler Kindstod erhältlich: http://www.fpk.ch; E-mail: fachstelle@fpk.ch

Liturgiekommission der Evangelisch-reformierten Kirchen der Schweiz
Unter http://www.liturgiekommission.ch sind drei ausgearbeitete Modelle für Gottesdienste, Predigten usw. aus der Praxis verschiedener ref. PfarrerInnen abrufbar (Feier mit Tränenritual, ein Abschied für verstorbene Zwillinge und eine Abschiedsfeier für ein tot gehorenes Mädchen).

Lothrop, Hannah, **Gute Hoffnung – jähes Ende.** Ein Begleitbuch für Eltern, die ihr Baby verlieren und alle, die sie unterstützen wollen. Kösel Verlag, München 2002 (Erstauflage 1991), ISBN 3-466-34389-5
Der Klassiker schlechthin. Das immer noch umfassendste Buch zum Thema legt den Schwerpunkt auf den Trauerprozess und ist für betroffene Eltern/Verwandte wie auch für – private wie professionelle – Begleitende gleichermassen geeignet. Das Buch enthält zahlreiche Erfahrungsberichte, die auch Nicht-Betroffenen

*einen guten Einblick vermitteln. Eine 80-seitige Broschüre mit
Auszügen aus dem Buch ist erhältlich bei: Vereinigte Evang.
Luth. Kirche Deutschlands, PF 51 04 009, D-30634 Hannover*

Morgenstern, Andrea, **Gestorben ohne gelebt zu haben.** Trauer
zwischen Schuld und Scham. Kohlhammer Verlag, Stuttgart 2005,
ISBN 3-17-018223-4

*Grundlage dieser (ev.-)theologischen Dissertation sind acht aus-
führliche qualitative Interviews mit betroffenen Eltern (sieben
Mütter, ein Vater). In einem Fall handelte es sich um einen
Schwangerschaftsabbruch wegen schwerster Fehlbildungen
des Kindes. Da alle Eltern die Frage nach einer möglichen
(Mit-)Schuld am Kindsverlust intensiv beschäftigt (hat), konzen-
triert sich die Autorin auf diesen Aspekt und differenziert – immer im Gespräch mit den Interviews und in Auseinandersetzung
mit verschiedenen psychologischen Ansätzen – sorgfältig u. a.
zwischen Schuld und Scham, («realem») Schuldempfinden und
(«irrealen») Schuldgefühlen. So wird verständlicher, was den
Umgang mit Fehlgeburt/perinatalem Kindstod so schwierig
macht. Konsequenzen für gesellschaftliches und seelsorgliches
Handeln sowie die vollständige Transkription von zwei Interviews runden die sehr hilfreiche, gut lesbare Arbeit ab.*

Nijs, Michaela, **Trauern hat seine Zeit.** Abschiedsrituale beim frühen Tod eines Kindes. Verlag Angewandte Psychologie, Göttingen
1999, ISBN 3-8017-1808-5

*Als Grundlage dienen Gespräche, die eine Ärztin mit betroffenen
Müttern geführt hat. Die bewegenden Beispiele machen Mut, eigene Abschiedrituale zu gestalten. Die vielen differenzierten Vor-
schläge sind anregend und unterstützend für die eigene praktische Begleitung. Viele Informationen über Spital, Psychologie,
Seelsorge und Rituale werden lebensnah weitervermittelt.*

Palm, Gerda, **Jetzt bist du schon gegangen, Kind.** Trauerbegleitung
und heilende Rituale mit Eltern früh verstorbener Kinder. Don
Bosco Verlag, München 2001, ISBN 3-7698-1292-1

Die Autorin ist langjährige Familienberaterin und leitet Trauer-
gruppen in Aachen/D. Sie führt in die systemische Trauerarbeit
mit dem «Trauergenogramm» ein und beschreibt einige Rituale
(Namensgebung, Todesanzeige, Wandteppich, Arbeit mit Ton,
Fantasiereisen). Im Buch sind auch die Texte aus 5 Aachener Ge-
denkgottesdiensten enthalten (v. a. Begrüssung und stark bib-
lisch orientierte Predigten). Die Anregungen eignen sich v. a. für
die längerfristige, therapeutisch ausgerichtete Arbeit mit Eltern/
Familien und Trauergruppen.

Praktische Ratschläge für GeburtshelferInnen, ÄrztInnen, Hebammen und Pflegepersonen im Spital und SeelsorgerInnen im Umgang
mit Eltern, die ihr Kind durch Fehlgeburt, Frühgeburt, Totgeburt,
während der Geburt oder durch Tod des Neugeborenen verlieren,
hg. von den Selbsthilfegruppen «Zäme truure» und «Papillon» in
Zusammenarbeit mit Regenbogen Schweiz, Bezug bei Regenbogen
Schweiz: http://www.verein-regenbogen.ch
Praxisnahe, übersichtliche Broschüre mit zahlreichen konkreten
Hinweisen, hauptsächlich auf das Spitalpersonal ausgerichtet.

Riedel-Pfäfflin, Ursula/Strecker, Julia, **Flügel trotz allem:** Feminis-
tische Seelsorge und Beratung. Konzeption, Methoden, Biogra-
phien. Gütersloher Verlag, Gütersloh, 2. Auflage 1999, ISBN
3-579-03015-9. Darin: Kapitel Abtreibung und Trauer, S. 249–
263.
Erfahrungsbericht einer Pastorin/Therapeutin über die Beglei-
tung einer Frau, die vor Jahren ein behindertes Kind abgetrieben
hat und den Verlust somatisiert. Mit Gesprächen und Ritual
wird die Trauer verarbeitet.

Schindler, Regine (Hg.), **Tränen, die nach innen fliessen.** Mit Kin-
dern dem Tod begegnen. Erlebnisberichte betroffener Kinder und
Eltern, Verlag Ernst Kaufmann, Lahr 1993, ISBN 3-7806-2336-6.
Sehr gutes Buch, das den Trauerprozess von Kindern mit seinen
Klippen je nach dem entwicklungspsychologischen Alter des
Kindes nachvollziehen lässt. Die Psychologie erklärt die alters-

bedingten Reaktionen der Kinder auf den Tod und das notwendige spezifische Darauf-Eingehen sehr eindrücklich.

Schweizerischer Evangelischer Kirchenbund (SEK), Frauenkommission, (heute Frauenkonferenz) «**Abschied nehmen, um neu anzufangen**», Liturgie zu Matthäus 2,16–18, Kindermord zu Bethlehem. Erhältlich beim SEK, Sulgenauweg 26, PF, 3000 Bern 23
Hintergrundmaterial und Bausteine (Texte, Bilder, Rituale und Lieder) zu gottesdienstlichen Feiern: «Noch nicht geboren, schon verloren» oder «Nie Mutter werden» oder «Gebrochene Lebenshoffnungen».

Sekretariat der Deutschen Bischofskonferenz (Hg.), **Wenn der Tod am Anfang steht.** Eltern trauern um ihr totes neugeborenes Kind – Hinweise zur Begleitung, Seelsorge und Beratung. Arbeitshilfen 174, Bonn, 3. Juni 2005 (Neufassung der Arbeitshilfen 109/1993). Erhältlich beim Sekretariat der DBK, Postfach 2962, D-53019 Bonn, Tel. +49 228 103205, E-Mail broschueren@dbk.de
Hilfreiche Arbeitshilfe, die in der Frage der Trauerbegleitung die ganze Familie einschliesslich der Geschwister und Grosseltern ins Zentrum rückt. Gebete, Liturgievorschläge und weitere Anregungen für Gottesdienste und Bestattungen. Gute Hinweise zur seelsorglichen Begleitung nach Schwangerschaftsabbruch sowie eine zeitgemässe theologische Reflexion zur Frage nach dem Heil der Kinder, die ohne Taufe sterben. Detaillierte Informationen zum Bestattungsrecht bzw. -pflicht in allen deutschen Bundesländern.

Zahlreiche Buchtipps, Texte, Gedichte (häufig von Betroffenen), Lieder usw. sind auch über die Internetseiten von Selbsthilfegruppen und betroffenen Eltern zugänglich. Manche Internetseiten bieten auch hilfreiche Gesprächsforen. Der Internet-Austausch ersetzt jedoch den persönlichen Kontakt mit anderen betroffenen Eltern und/oder Fachpersonen nicht! Gerade Fachpersonen sollten betroffene Eltern auf die Gefahren der Anonymität und des Rückzugs bei übertriebener oder alleiniger Nutzung des Internets hinweisen.

http://www.verein-regenbogen.ch
Internetseite des Vereins Regenbogen Schweiz/Arc-en-ciel Suisse (Selbsthilfevereinigung von Eltern, die um ein Kind trauern). Vereinsinformationen, Kontaktadressen.

http://www.engelskinder.ch
Privat geführte Internetseite einer betroffenen Mutter (Käthi Favero) mit zahlreichen Gesprächsforen, Beiträgen betroffener Eltern, Austauschmöglichkeiten usw.

http://www.veid.de
Internetseite des Verbands Verwaister Eltern in Deutschland, der sich für die Interessen betroffener Eltern, Begleitung und Beratung einsetzt. Sehr reichhaltige Internetseite mit Informationen über Trauerarbeit, kommentierten Literaturtipps und Anlässen wie zum Beispiel Gedenkgottesdiensten und Selbsthilfegruppen in Deutschland.

http://verwaiste-eltern.de
Internetseite des Vereins Verwaiste Eltern Hamburg e. V. Kurze Informationen über Literatur und Trauer. Selbsthilfegruppen (in Deutschland).

http://www.praenatal-diagnostik.ch
Internetseite des Vereins für ganzheitliche Beratung und kritische Informationen zu pränataler Diagnostik. Dokumentationsstelle und telefonische Beratungen. Grenzen, Risiken und Auswirkungen der pränatalen Diagnostik werden aufgezeigt und die oft ausgesparten psychologischen, ethischen und gesellschaftlichen Fragen werden angemessen gewichtet.

http://www.prenat.ch
Internetseite zur Hilfe nach pränataler Diagnostik. Eine Hilfe von Eltern für Eltern mit Erfahrungsaustausch, medizinischen Informationen über Behinderungen usw. Eindrücklich ist der Abschnitt «Diagnose ‹Nicht lebensfähig› – was nun?» Viele Ratschläge für die Vorbereitung der Geburt eines sterbenden Kindes.

2. Kontaktadressen, Vernetzung

Fachstelle Fehlgeburt und perinataler Kindstod
Information und Beratung für Fachpersonen und betroffene Eltern
Postfach 480
3000 Bern 25

Tel. 031 333 33 60
Fax 031 333 33 62

http://www.fpk.ch
E-mail: fachstelle@fpk.ch

Die Anlaufstelle für Fachpersonen, die – parallel zur Frauenkonferenz des Schweizerischen Evangelischen Kirchenbundes – auch die Erstellung dieser Arbeitshilfe angeregt hat. Die Fachstelle berät und coacht Fachpersonen aus allen Disziplinen, bietet Weiterbildungen an, begleitet Prozesse zur Erstellung von Spitalkonzepten, führt ein Verzeichnis kompetenter Fachleute (bisher vorwiegend aus der Deutschschweiz), vermittelt betroffenen Eltern hilfreiche Ansprechpersonen in ihrer Umgebung usw. (ausführliches Info-Material erhältlich). Die Fachstelle wird bisher ausschliesslich durch Spenden finanziert und ist auf Unterstützung angewiesen.

Verein zur Förderung einer professionellen Beratung und Begleitung bei Fehlgeburt und perinatalem Kindstod
Postfach 480
3000 Bern 25
Tel. 061 683 74 00
Fax 061 683 74 01
E-mail: verein@fpk.ch
PC 30-708075-5

Trägerverein der oben erwähnten «Fachstelle Fehlgeburt und perinataler Kindstod». Der Verein ist ständig auf neue Mitglieder

(Einzelpersonen und Institutionen), UnterstützerInnen und GönnerInnen angewiesen.

Selbsthilfegruppen

Aktuelle Adressen von Selbsthilfegruppen (z. B. Regenbogen Schweiz, Zäme truure, Papillon) sind bei der Fachstelle Fehlgeburt und perinataler Kindstod oder via Internet (siehe Anhang 1.) erhältlich.

3. Dank

Elisabeth Stupf, Mitorganisatorin der Tagung «Trauer am Anfang des Lebens» 2001 in Zürich, hat einen ersten Impuls zu dieser Arbeitshilfe gegeben.

Ein besonderer Dank geht an die kritischen LeserInnen eines ersten Entwurfs, deren Anregungen in den Text eingearbeitet werden konnten:

Rudolf Albisser, Elisabeth Ammann, Edith Arpagaus, Ruedi Brassel-Moser, Carmen Catterina Baumli, Ria van Beek, Sr. Maria Bühlmann, Yvonne Hari Hecking, Reiner Jansen, Karin Klemm, Niklaus Knecht, Esther Kobel, Susanne Kühlhorn, Bernd und Regula Lenfers-Grünenfelder, Anita Masshardt, Franziska Maurer, Manfred Ruch, Markus Sahli, Sabine Scheuter, Christoph Weber, Elisabeth und Lukas Wenk-Mattmüller.

Elisabeth Ammann hat den Text sprachlich überarbeitet und redigiert.

Einer privaten, anonymen Spenderin verdanken wir einen sehr grosszügigen Beitrag an die Kosten der Drucklegung.

Des Weiteren haben folgende Institutionen mit finanziellen Beiträgen die Realisierung der Arbeitshilfe ermöglicht:
- Fonds für Frauenarbeit des Schweizerischen Evangelischen Kirchenbundes
- Fondia, Stiftung zur Förderung der Gemeindediakonie im Schweizerischen Evangelischen Kirchenbund
- Frauenkonferenz des Schweizerischen evangelischen Kirchenbundes
- Röm.-kath. Zentralkommission des Kantons Zürich
- Verein zur Förderung einer professionellen Beratung und Begleitung bei Fehlgeburt und perinatalem Kindstod

Und ein ganz herzliches Dankeschön den betroffenen Eltern, die mit grosser Offenheit persönliche Fotos zur Verfügung gestellt haben!

Autor und Autorin

Detlef Hecking, geb. 1967, kath. Theologe, Jegenstorf. Verheiratet, zwei Kinder – und ein drittes Kind, das in der frühen Schwangerschaft gestorben ist. Aufgewachsen in einer betroffenen Familie.

1995–2001 Pastoralassistent in Bern, 2001/02 interimistischer Leiter der Bibelpastoralen Arbeitsstelle des Schweiz. Kath. Bibelwerks in Zürich. Bibliodramaleiter, neutestamentliches Dissertationsprojekt.

Verfasser des «Lied des Lebens. Requiem vom Werden und Sterben, Schwangerschaft und Tod» (siehe Literaturverzeichnis).

Clara Moser Brassel, geb. 1955, ref. Pfarrerin, Pratteln. Verheiratet, zwei Kinder – und eine Fehlgeburt.

Seit über 20 Jahren im Gemeindepfarramt in Pratteln, Baselland. Bibliodramaleiterin und Weiterbildungen in CPT und TZI. Radiopredigerin DRS 2.

Leiterin von Elternkursen und Pfarrweiterbildungen zum Thema, Mitautorin der Dekade-Liturgie «Abschied nehmen um neu anzufangen» der Frauenkonferenz des SEK (siehe Literaturverzeichnis).